Kannen suunnittelu: Vilma Matilda Virtanen

# TAMPEREEN RUNOJEN ISÄ

## Konrad Kajavan sisällissota

Jani Kortesluoma							2021

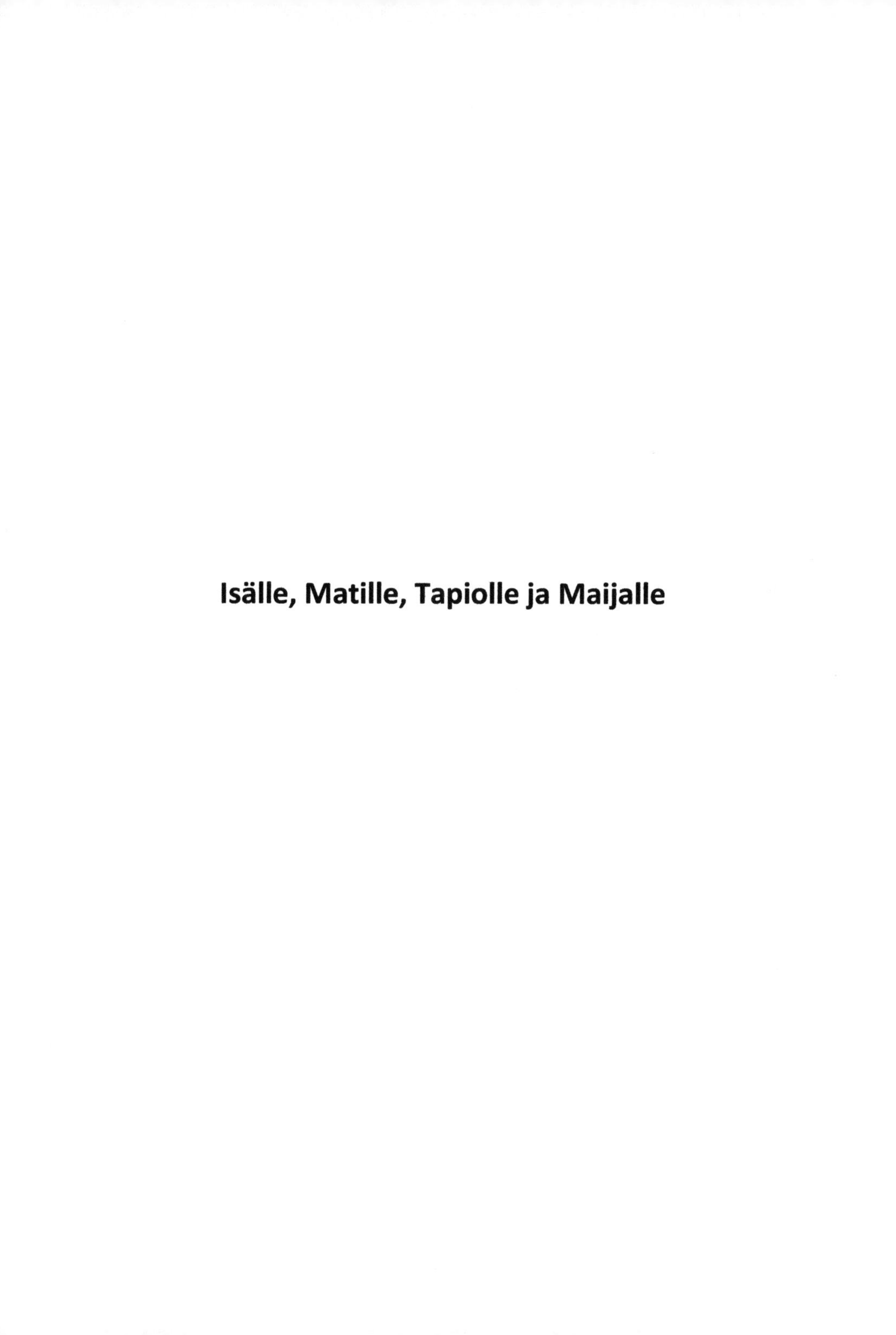

Isälle, Matille, Tapiolle ja Maijalle

© 2021 Jani Kortesluoma
Kustantaja: BoD – Books on Demand, Helsinki, Suomi
Valmistaja: BoD – Books on Demand, Norderstedt, Saksa
ISBN: 978-952-804-542-7

# SISÄLLYSLUETTELO


Esipuhe                                    2

1. Nyt isä lähtee                          6

2. Turkulaiset toverit                    27

3. Ei väriä, ei säätyä                    54

4. Sitten pystytettiin piikkilankoja      69

5. Ei pahaa kärpäsellekään                76

6. Hämeenlinnan karhukerho                84

Lopuksi                                  108

Lähdeluettelo                            111

# ESIPUHE

Tämä kirja alkoi syntyä pitkälti sattumalta - en todellakaan ollut suunnitellut perehtyväni näin syvällisesti isoäitini isän sisällissotakokemuksiin. Päädyin Konrad Kajavan sotapolun pariin tehdessäni selvitystä punaisten keskisen rintaman lento-osaston toiminnasta Kouvolassa ja Utissa kevättalvella 1918. Yhdessä lähteessäni oli viittaus siihen, että Tampereelta olisi kaupungin valtauksen jälkeen tullut yksi lentäjä ja mekaanikko vahvistamaan tuolloin Uttiin siirtynyttä pohjoisen rintaman lento-osastoa. Mainittiinpa jossakin, että itse Verner Lehtimäki ja Eino Rahja olisivat huhtikuun alulla paenneet lentokoneella Lahden suunnalta ja tehneet välilaskun Utissa matkalla Viipuriin.

Lentotoimintaa koskeviin kysymyksiin en tuolloin löytänyt vastausta. Sen sijaan törmäsin Heikki Ylikankaan *Tie Tampereelle* -kirjassa sairaalassa makaavaan Konrad Kajavaan ja edelleen hänen poikansa Viljo Kajavan runoihin, joilla Ylikangas elävöittää piiritetyn punaisen kaupungin elämää ja valtauksen tapahtumia. Myöhemmin huomasin, ettei Ylikangas suinkaan ollut ainoa Tampereen tapahtumista kirjoittanut, joka käytti runoilija Kajavan runoja oman tekstinsä rinnalla.

Hankin itselleni *Tampereen runot* -kokoelman, *Viljo Kajavan muistelmat* sekä hänen osittain omaelämäkerrallisen *Vieläkö muistat Paulin?* -romaanin. Kiinnostuin ennen kaikkea niistä runoista, joissa esiintyy isä - siis Konrad Kajava. Minussa heräsi halu selvittää totuus runojen takana - kuinka paljon niissä olisi todellisia historiallisia tapahtumia muiden lähteiden valossa?

Muistan kuulleeni isältäni joitakin pieniä muistoja Konradista. Pääosin sellaisia, jotka hän oli kuullut omalta äidiltään. Tiesin, että Konrad oli käynyt nuorena Amerikassa. Vanhempieni kotona on edelleen tallessa hänen matka-arkkunsa (Amerikan arkku) ja valokuva-albumi tuolta ajalta. Olin kuullut Konradin kuuluneen punakaartiin konekiväärimiehenä ja haavoittuneen. Että kaartiin oli ollut pakko liittyä, koska asemiehet olivat tulleet kotoa hakemaan. Kerrottiin myös tarinaa, jonka mukaan Lapuan liikkeen miehet olisivat sodan jälkeen painostaneet Konradin eroamaan työstään Valtion pukutehtaalla hänen punaisen taustansa vuoksi. Halusin saattaa nuo tapahtumat aikajanalle ja selvittää itselleni, mitä tuolloin on tapahtunut.

Kaltaiselleni harrastelijatutkijalle digitoidut arkistot ja sanomalehdet ovat korvaamattoman arvokkaita. Digitoituja sanomalehtiä olen selannut valtavasti, mikä käynee ilmi lähdeluettelostani. Kansallisarkiston *Astia* -palvelun avulla löysin Konradin digitoidun Valtiorikosoikeuden aktin kuulustelupöytäkirjoineen ja liitteineen. Aktin perusteella minulle alkoi muodostua kuva siitä, että vaikka *Tampereen runoissa* Konradin sotapolun pääkohdat onkin kuvattu melko tarkasti, on monta asiaa, jota ne eivät kerro. Muistelmissa ja muistoissa on myös monta seikkaa, jotka eivät muun todistusaineiston valossa voi pitää aivan täysin paikkaansa.

Tämä kirja ei ole Konrad Kajavan elämäkerta. En ole lähtenyt toistamaan niitä Konradin lapsuuteen liittyviä kertomuksia, jotka löytyvät Viljo Kajavan muistelmista. Olen pyrkinyt pitämään näkökulmani sisällissodassa, sen tapahtumissa, tapahtumien seurauksissa yksilölle ja niissä taustoissa, jotka johtivat Konradin osallistumiseen punaiselle osapuolelle. Konradin työuraa olen selvittänyt sotaa edeltävältä ajalta aina 30-luvulle, koska varsinkin tuo työuran loppuvaihe on niin selkeästi sidoksissa sotaan.

Tutkielmani tuskin täyttää kaikilta osin vakavasti otettavan tieteellisen tutkimuksen vaatimuksia. Olen kuitenkin viitteistänyt tekstin, jotta lukija voi seurata, mihin perustan näkemykseni tapahtumien kulusta. Syvälliseen lähdekritiikkiin en ole kuitenkaan ryhtynyt. Olen yrittänyt pitää tekstin ennen kaikkea helppolukuisena tutkimuksellisesta otteesta huolimatta.

Kirjani ei ole tarkoitus olla mikään poliittinen kannanotto mihinkään suuntaan. Kutsun sotaa sisällissodaksi, koska se omasta mielestäni on vähiten arvolatautunut nimitys kyseiselle taistelulle. Olen kiinnostunut historiallisista tapahtumista ja yhdestä ihmisestä osana noita tapahtumia.

Tapio Kalliomäen vuonna 2018 tekemä tiivistelmä Ylikankaan teoksesta kuljettaa Kajavan runoja sisällissodan tapahtumien rinnalla, niiden kronologisessa järjestyksessä. Timo Malmi taas käyttää Viljo Kajavaa kuvitteellisena oppaanaan *Tampereen sotakirjassa*. Monessa Tampereen taistelua kuvaavassa teoksessa elävöitetään kerrontaa runojen kautta. Oma lähestymistapani on ehkä jonkinlainen yhdistelmä edellä mainittuja tekniikoita ja tapahtuu siis runoilijan isän, Konrad Kajavan sotakokemusten kautta.


Haluan kiittää Timo Malmia kannustavasta palautteesta niihin ensimmäisiin tekstiluonnoksiin, jotka hänelle kirjoitusprosessin aivan alkumetreillä lähetin. Kimmo Lehtimäelle ISO kiitos kaikesta avusta, palautteesta ja keskusteluista tämän tutkimus- ja kirjoitusprosessin aikana. Mikko Sivoselle kiitos erinomaisesta kartasta ja sopivan kriittisistä kommenteista amatööritutkijan ajatuksiin. Eeva Tammi, Tuomas Hoppu ja Liisa Asikainen tukivat minua kukin omalla tietämyksellään Konradin vaiheiden selvittämisessä.


Lopuksi haluan vielä kiittää Kansallisarkiston Helsingin ja Mikkelin toimipisteitä sekä Suomalaisen Kirjallisuuden Seuran arkistoa. Korona-ajasta huolimatta sain kaikkialla aivan loistavaa palvelua.


Kouvolassa 6.5.2021

Jani Kortesluoma

# 1. NYT ISÄ LÄHTEE

*"Helmikuun hämärässä kello viisi*

*äiti herätti sisareni ja minut: nyt isä lähtee.*

*Kiväärintukin kolahdus ovipieleen.*

*Suudelma äidille*

*me kaksi hetken isän sylissä"*[1]

Nuo rivit ovat Viljo Kajavan vuonna 1966 *julkaistusta Tampereen runot* -kokoelmasta, runosta *Helmikuun hämärässä*. Runoilijan isä, räätäli Konrad Kajava on lähdössä rintamalle. Sisar on isoäitini Helena ja päivä torstai 18.2.1918. Konradin rintamakomennus kestäisi vain pari päivää, mutta kokemus seuraisi häntä koko hänen loppuelämänsä ajan.[2]

Tuolla samalla päivämäärällä säädettiin rintaman toisella puolella asevelvollisuus - vapaaehtoisuus ja värväys eivät tuottaneet valkoisille riittävää miesvoimaa, jolla käydä voittoon tarvittavaa hyökkäyssotaa. Vaikka punaisilla säilyikin miesylivoima rintamilla maaliskuun

---

[1] Kajava, Viljo: Tampereen runot. Kustannusosakeyhtiö Otavan paino, Helsinki 1966, s. 47.

[2] Valtiorikosoikeuden akti XX/317 - Kajava, Konrad Johannes. Kuulustelupöytäkirjan mukaan Konrad lähti Lylyn rintamalle 18.2.1918.

alkupuolelle saakka, alkoi asevelvollisuus vähitellen muuttaa voima-
suhteita valkoisille edulliseksi.[3]

Kuva: Konrad, Viljo, Martta ja Helena Kajava - luultavasti vuonna
1916. Kirjoittajan kokoelma.


Konrad Kajava oli liittynyt Tampereen punakaartin kuularuisku-
komppaniaan vasta kahta viikkoa aikaisemmin, 4.2.1918. Siitä asti oli
opeteltu sotilaan elämää.[4] Taistoon oltiin siis menossa melko olemat-

---

[3] Ylikangas, Heikki: Tie Tampereelle. WSOY, Porvoo 1993. s. 50-51.
[4] Valtiorikosoikeuden akti XX/317 - Kajava, Konrad Johannes. Käsinkirjoite-
tussa kuulustelupöytäkirjassa päivämäärä on 4.2.1918, mutta puhtaaksikir-

tomalla koulutuksella. Tämä vastasi punakaartissa varsin yleisesti vallalla ollutta tapaa lähettää miehiä rintamalle vain muutamia päiviä kaartiin liittymisen jälkeen. Tampereella koulutuksen kesto on vaihdellut muutamasta päivästä pariin viikkoon.[5]

Varsinaisia koulutustavoitteita ei ollut, joten kouluttajat opettivat, mitä parhaaksi näkivät. Pohjoisella rintamalla oli toki laadittu Punaisen kaartin *Kuularuisku ohje Säännöt* -niminen asiakirja. Siinä esitetään luonnos 10-päiväiseksi kurssiksi, jossa huomattavaa on, että siitä oli varattu vain yksi päivä varsinaisen taistelutekniikan harjoittelulle. Kaiken kaikkiaan opetusta näyttää vaivanneen teoreettisuus. Tampereella on järjestetty helmikuun alkupuolella lyhyitä kursseja kaartilaisille, mutta osallistuiko Konrad näille, ei ole minulla tiedossa. Ilmeisesti erikoismiesten koulutus oli kuitenkin yleisellä tasolla kattavampaa kuin tavallisten rivimiesten, jotka saattoivat oppia kiväärin lataamisen tovereiltaan junassa matkalla rintamalle.[6]

Tampereella konekiväärinkäytön opetus pääsi alkuun sotatoimien jo alettua. Kuularuiskun saloihin perehdyttiin aluksi venäläisen sota-

---

joitettuun päivämääräksi on muuttunut 1.2.1918. Konrad Kajava oli liittymisen jälkeen koulutuksessa, kunnes 18.2.1918 on ollut aika lähteä rintamalle.

[5] Hoppu, Tuomas ja julkaisuryhmä: Tampere 1918. Tampereen museoiden julkaisuja 130. Tampere 2013. s. 95.

[6] Lappalainen, Jussi T: Punakaartin Sota I. Valtion painatuskeskus, Helsinki 1981a. s. 206-208.

väen esikuntarakennuksessa venäläisen sotilaan johdolla. Myöhemmin koulutus siirtyi teknilliselle opistolle ja kouluttajaksi löytyi suomea sen verran osaava venäläissotilas, että tulkkia ei enää tarvittu.[7]

Sata vuotta myöhemmin, Puolustusvoimien palvelukseen astuvien nuorten miesten ja naisten sotilasura alkaa kuusi viikkoa kestävällä alokasjaksolla, jonka suoritettuaan koulutettavan tulisi osata sotilaan perustaidot. Alokasjaksolla opitaan perusteet toiminnasta yksittäisenä sotilaana osana partiota. Tämän sotilaan peruskoulutusjakson ytimen muodostaa henkilökohtaisen aseen ja ampumatarvikkeiden turvallinen käsittely ja käytön perusteet sekä perusampumataito.[8] Hyvällä omatunnolla voi sanoa, että alokasjakson suorittanutta sotilasta ei voi vielä pitää mitenkään valmiina sotaan.

Ensimmäinen kaksi viikkoa palveluksesta, niin sanottu orientaatiokurssi, on varsin tiivistä tekemistä. Myös viikonloppu ollaan silloin palveluksessa.[9] Tekeminen keskittyy sotilaana olemisen ja elämisen opetteluun: tutustutaan varuskuntaympäristöön, noudetaan varusteet, käydään lääkärintarkastuksessa. On haastatteluja sekä yksikön päällikön, vääpelin, kuraattorin ja papin oppitunnit, tulojuhla ja paljon muuta. Henkilökohtaiseen aseeseen tutustutaan oppitunnilla ja käsittelykoulutuksessa, mutta ampumaan alokkaat pääsevät vasta

---

[7] Klemettilä, Aimo: Tampereen punakaarti ja sen jäsenistö. Acta Universitas Tamperensis ser. A vol 72. Tampereen Yliopisto. Tampere 1976. s. 91.
[8] Pääesikunnan koulutusosasto: Sotilaan käsikirja 2020, Punamusta Oy, 2019. s. 14.
[9] Sotilaan käsikirja 2020. s. 16.

myöhemmin. Siinä suhteessa moni nykypäivän alokas on samassa tilanteessa kuin tavalliset punaiset rivimiehet. Toki sillä erotuksella, että he eivät lähde rintamalle orientaatiokurssinsa jälkeen.

Kaartiin liittymisen syyksi Konrad kertoi myöhemmin taloudellisen tilanteensa. Hän oli ollut syksyn töissä räätälimestari Oskari Kulomäen liikkeessä, mutta eronnut tämän palveluksesta 1.11.1917 harjoittaakseen omaa liikettään. Omat toimitilat löytyivät Satakunnankatu 24:stä, reilun kilometrin päästä Papinkadun kodista. Konradilla oli useampia mainoksia *Uudessa Suomessa* ja *Kansan Lehdessä* marraskuun 1917 aikana, mutta 24.11.1917 jälkeen ilmoittelu loppui.[10]

Liike ei siis ilmeisestikään alkanut kannattaa ja lopulta punakaarti oli ainoa paikka, mistä töitä sai. Kaarti oli luvannut Konradille 15mk päivässä ja sen lisäksi vaimolle 2mk ja lapsista 1mk päivässä lisää.[11] Kaartin maksama palkka vaikuttaa varsin hyvältä tuon ajan palkkatasoon nähden. Kuitenkin ainakin maaliskuusta alkaen palkkojen vajaaksi jääminen oli varsin tavallista.[12] Niinpä Konradkin kertoo saaneensa palkkaa kaiken kaikkiaan 100mk sekä puvun ja kengät.[13] Lisäksi kaartilaiset saivat muonituksen, jonka arvoa tuolloin elintarvikepulasta kärsineessä Suomessa ei pidä unohtaa.

---

[10] Valtiorikosoikeuden akti XX/317 - Kajava, Konrad Johannes. Oskari Kulomäen todistus Konrad Kajavasta. Lisäksi Kansan Lehti, 09.11.1917, nro 260, s. 8, https://digi.kansalliskirjasto.fi/sanomalehti/binding/1241109?page=8, Kansalliskirjaston digitaaliset aineistot.
[11] Valtiorikosoikeuden akti XX/317 - Kajava, Konrad Johannes.
[12] Klemettilä (1976). s. 111.
[13] Valtiorikosoikeuden akti XX/317 - Kajava, Konrad Johannes.

Taloudellisiin syihin vetoaminen oli varsin tavallista valtiorikosoikeudessa. On täysin luonnollista, että syytetyt yrittivät esittää liittymisensä syyn mahdollisimman hyvässä valossa. Tyypillisesti taloudellisiin syihin vedonneet kertoivat tarpeesta saada helpotusta omiin ajankohtaisiin vaikeuksiin, ei niinkään, että sosialismiin siirtymisen kautta olisi parannettu kaikkien työtätekevien asemaa.[14]

Jotain aatteellistakin taustaa Konradin punakaartiin liittymisessä saattoi olla. Perheen elämä Viljo-esikoisen syntymän aikaan Tampereen Ihanallakadulla oli ollut köyhää. Konrad-isä tappoi yöt luteita ja meni aamuisin viideksi töihin. Rahaa ei ollut edes lankoihin, jotta Martta-äiti olisi voinut kutoa yhdet sukat lapsensa jalkaan. Vaarin sukat saivat kelvata, kun lähdettiin ulos.[15]

Konrad Kajava kävi ajan tavan mukaan ennen sisällissotaa kahdesti Pohjois-Amerikassa rahaa ansaitsemassa. Ensimmäinen matka tapahtui ennen Viljon syntymää, eikä siis vaikuta johtaneen merkittävään vaurastumiseen.

Toinen matka oli pidempi[16] ja ilmeisesti huomattavasti menestyksekkäämpi. Tällä matkalla Konradin mukana oli myös hänen nuorempi

---

[14] Klemettilä (1976). s. 169-170.

[15] Kajava, Viljo: Muistatko vielä Paulin?, Otava, Helsinki 1943, s.124.

[16] Yhdysvaltojen maahantuloviranomaisen luettelo, aineisto kirjoittajan hallussa. Konrad Kajavan 17.2.1927 -päivälle merkittyyn tietolomakkeeseen on kirjattu kohtaan aikaisemmat käynnit Yhdysvalloista seuraavasti 1910-1913, monissa paikoissa (various locations).

veljensä. Matka suuntautui myös Kanadan puolelle, missä hän "*seik-kaili niin hirveästi kuin nuori ihminen voi seikkailla*". Amerikasta tuli postikortteja ja taaloja. Elintaso alkoi nousta ja Martta-vaimo saattoi jäädä pois työstään Frenckelin paperitehtaalla. Tuon ajan valokuvissa esiintyvät äiti turkissa ja Viljo-poika samettivaatteissa. Talvella Viljoa työnnettiin kelkassa, kesällä rattaissa. Tehtaantytöstä oli tullut kuin herrasväen rouva.[17]


Viljo Kajava arveli muistelmissaan, ettei isänsä kuulunut mihinkään ammattiosastoon. Kuulustelupöytäkirja kertoon kuitenkin toista: Konrad Kajava oli liittynyt marraskuussa 1913 räätälien ammattiosastoon. Mitä ilmeisimmin hän ei kuitenkaan ollut erityisen aatteellisesti aktiivinen ammattiosastossa tai muutenkaan poliittisesti. Viljo Kajava muistelee vanhempiensa käyneen työväen juhlissa, iltamissa ja teatterissa. Erikseen hän mainitsee räätälien ammattiosaston joulujuhlan, johon koko perhe aina osallistui. Konradin Amerikasta tuomia, sosialismia käsitteleviä kirjoja oli kotona hyllyssä, mutta niistä ei ainakaan lasten kuullen keskusteltu. Vaikka ei varsinaisia puolueaktiiveja oltukaan, oli poliittinen suunta kuitenkin aika selvä.[18]

---

[17] Kajava, Viljo: Aika rakastaa, aika laulaa - Runoilija muistelee. Toimittanut Lyytinen, Kristiina. Otava. Keuruu 1990. s. 58.
[18] Kajava (1990) s. 59 ja Valtiorikosoikeuden akti XX/317 - Kajava, Konrad Johannes ammattiosastoon kuulumisen osalta.

Kuva: Konradin Amerikan-arkku kirjoittajan vanhempien kotona. Tämän sisällä matkasivat Suomeen oletettavasti ne amerikkalaiset sosialismia käsitelleen kirjat, joita Konrad toi matkoiltaan.

Vaurastuminen näkyi myös elinoloissa. Perhe muutti ennen sotaa Kaakinmaalle, Papinkatu 19:ssä olevaan vastamaalattuun taloon. Kuvissa tuolta ajalta on hyvin pukeutuneita aikuisia ja lapsia komean kaakeliuunin edessä, tapetoidussa huoneessa.[19] Tilaa oli yli oman tarpeen - Kajavat tarjosivat kalustettua huonetta vuokralle.[20]

---

[19] Kajava (1990) Ensimmäinen kuvaliite s. 128 alkaen.
[20] Aamulehti, 04.06.1916, nro 127, s. 8, https://digi.kansalliskirjasto.fi/sanomalehti/binding/765992?page=8, Kansalliskirjaston digitaaliset aineistot.

Jossakin vaiheessa valtameren takaa palattuaan Konrad meni töihin J. Tirkkosen kangas-, lanka- ja muotitavarainliikkeen.[21] Tämä tuohon aikaan Nikolai Tirkkosen omistama kauppahuone toimi Tampereen Kuninkaankadun ja Kauppakadun kulmaan rakennetussa liiketalossa. Tirkkosen talona tunnettu rakennus on Tampereen jugendarkkitehtuurin kauneimpia esimerkkejä.[22] Vuonna 1917 J. Tirkkosen liike mainosti itseään etevästi johdettuna herrain pukuneulomona.[23] Tirkkosen palveluksesta Konradin ura eteni ensin Kulomäen työntekijäksi ja sitten oman liikkeen omistajaksi.


Helmikuussa 1918 Konrad oli kuitenkin käymässä aivan erilaiselle uralle. Selvittäessäni Konradin komppanian sotapolkua kohtasin haasteen. Johtuen punaisten tavasta käyttää yksikköä pieniä osastoina ympäri rintamaa on Tampereen punakaartin kuularuiskukomppaniasta säilynyt varsin niukasti tietoja. Aimo Klemettilän väitöskirjassa kerrotaan, että yksikkö muodostettiin heti sotatoimien alettua. Komppania oli tavallisia punakaartin perusyksiköitä pienempi ja väitöskirjan useissa taulukoissa sen vahvuus on 71 miestä.[24]

---

[21] Valtiorikosoikeuden akti XX/317 - Kajava, Konrad Johannes. Tampereen suojeluskunnan lausunnossa todettu Konrad Kajavan olleen "ennen Tirkkosen liikkeessä, sittemmin omistanut oman liikkeen". Suojeluskunta ei mainitse palvelusta Kulomäen liikkeessä, mutta tämä käy ilmi toisaalta aktista.
[22] Tirkkonen, Nikolai (1875 - 1926), Kansallisbiografia, https://kansallisbiografia.fi/kansallisbiografia/henkilo/8723, viitattu 17.3.2021.
[23] Vanhoja mainoksia -blogi, Tirkkosen kauppaliike 1917, https://vanhojamainoksia.blogspot.com/2019/03/tirkkosen-kauppaliike-1917.html, 28.3.2019. Viitattu 17.3.2021.
[24] Klemettilä (1976). s. 88.

Kuulustelupöytäkirjan mukaan Konrad on kertonut päällikön olleen Johansson Helsingistä.[25] Tämän tiedon varassa kävin läpi Kansallisarkiston digitoidut Valtiorikosoikeuden aktit ja tarkastin kaikki miespuoliset Johanssonit. Kaiken kaikkiaan Johanssoneja oli digitoiduissa akteissa n. 60 kpl.

Turkulaisen metallisorvari Karl Artur Henrik Johanssonin aktilta löytyi useita todistusaineistokortteja, jotka toivat hieman lisävalaistusta komppanianpäällikköasiaan. Lahden vankileirillä kuulustellut punakaartilaiset Frans Lehtonen ja Niilo Kuula ovat kertoneet Turun punakaartissa olleen päällikkönä Johansson-niminen mies. Lehtonen mainitsee Johanssonin ammatiksi levyseppä. Kuula taas täsmentää tämän aseman olleen plutoonan (joukkueen) päällikkö.[26]

Etukirjaimet K.A. ja A. tulevat esiin yhdellä todistusaineistokortilla kumpikin. Näistä ensimmäinen on allekirjoittamaton ja päiväämätön. Siinä viitataan muistiinpanoon, jossa teksti: *"Kuularuisku osastoja Turun ja Tampereen 28 miestä päällikkö K.A. Johansson. Majoitettu ratamestari Adamssonin talo. Kuularuiskuja 10 kpl"*.

---

[25] Valtiorikosoikeuden akti XX/317 - Kajava, Konrad Johannes.
[26] Valtiorikosoikeuden akti VI/446 - Johansson, Karl Artur Henrik.

Kuva: Todistusaineistokortti, jossa mainitaan kuularuiskuosaston päällikkö K.A. Johansson (kuvakaappaus digitoidulta VRO aktilta)

A. Johansson sen sijaan esiintyy eräässä muistiinpanossa seuraavasti: "*26/II k:lo 09 lähti Rintamalle 32 miestä kuularuisku miehiä seuraavilta Turusta 16. Tampereelta ja Juupajoelta yhteensa 16. Johtajanaan A. Johansson*" (kirjoitusasu virheineen kuten todistusainekortilla). Tämäkin luettelo on päiväämätön ja allekirjoittamaton.[27]

Oman kertomansa mukaan edellä mainittu Karl Artur Henrik Johansson oli viimeksi töissä koneenkäyttäjän apulaisena höyrylaiva Helsingforsilla Turussa. Hän oli 7.3.1918 liittynyt Turun työväenyhdistyksen soittokuntaan, kertomansa mukaan pakotettuna. Asetta hän ei

---

[27] Valtiorikosoikeuden akti VI/446 - Johansson, Karl Artur Henrik.

ollut oman lausumansa mukaan kantanut. Turun suojeluskunnan lausunnon mukaan Johansson oli liittynyt todennäköisesti vapaaehtoisesti, mutta vaikuttaa muuten kunnolliselta. Edelleen suojeluskunnan näkemys oli, että Johansson on kyllä kantanut asetta, vaikka on kuulunutkin vain punakaartin soittokuntaan. Karl Artur Henrik Johanssonin aktissa on reilut 30 sivua materiaalia.[28] Aivan purematta tutkintalautakunta ei hänen omaa tarinaansa ole niellyt. Huomionarvoista on myös se, että punakaartin konekiväärimiehet vaikuttavat usein olleen teknisiltä aloilta ja tottuneita koneiden käyttöön kuten Karl Artur.

Edellä mainittuihin todistusainekortteihin tukeutuen, muita nimen perusteella mahdollisia ehdokkaita kuularuiskukomppanian päälliköksi ovat seuraavat:

- Karl Alexander Johansson, työmies Helsingistä. Aktin perusteella hän on liittynyt punakaartiin vasta maaliskuussa 1918, jolloin ei ole mahdollista, että hän olisi toiminut Konradin päällikkönä.[29]
- Kalle Artturi (Kaarl Artur) Johansson, viilamies Akaan Viialasta. Vaikuttaa kuuluneen Viialan punakaartiin eikä osallistunut taisteluihin. Aktilla on useampi todistajan lausunto, joissa mainitaan hyvä käytös, vaikka hän oli osallistunut aseiden etsintään epäiltyjen valkoisten kodeista. Hän ei näiden

---

[28] Valtiorikosoikeuden akti VI/446 - Johansson, Karl Artur Henrik.
[29] Valtiorikosoikeuden akti XXVII/431 - Johansson, Karl Aleksander.

seikkojen valossa vaikuta päälliköltä, vaikka suojeluskunnan lausunto hänestä onkin kovin negatiivinen.[30]

- Karl August Johansson, sekatyömies Helsingistä. Liittynyt kaartiin 15.2.1918 ja ollut vartiopalveluksessa Helsingissä, mistä maaliskuun puolivälissä lähetetty rintamalle, jossa haavoittunut.[31]
- Kuno Alfons Johansson, poliisimies Helsingistä. Jäänyt virkapaikalleen Helsinkiin, missä tullut huhtikuussa pidätetyksi. Ei ole kuulunut punakaartiin.[32]

Näistä K.A. Johanssoneista yksikään ei mielestäni uskottavasti vaikuta mahdolliselta Tampereen punakaartin kuularuiskukomppanian päälliköltä.

Kun laajensin etsinnän kattamaan A. Johanssonit löysin arkistosta digitoituna Aarno Armas Johanssonin valtiorikosoikeuden aktin. Hän on kotoisin Turusta ja jäänyt valkoisten vangiksi 6.4.1918 Pispalassa. Aarno Johansson kertoo liittyneensä Turun punakaartin kuularuiskukomppaniaan tammikuun lopulla, mutta siirtyneensä Tampereen punakaartin listoille myöhemmin. Turussa päällikkönä Johansson kertoo olleen jonkun venäläisen. Mielenkiintoiseksi Aarnon tekee se,

---

[30] Valtiorikosoikeuden akti IX/470 - Johansson, Kaarl Artur. Kaarl Artur Johanssonista on jostakin syystä kaksi, miltei saman sisältöistä aktia arkistossa. Näistä toinen löytyy tunnuksella: Valtiorikosoikeuden akti IX/443 - Johansson, Kaarl Artur. Syy tähän voi olla, että 10.6.1918 päivälle kirjatussa aktissa on merkintä, että syytetty ei saapunut oikeuteen. Toisessa 23.6.1918 päivätyssä aktissa tällaista merkintää ei ole.
[31] Valtiorikosoikeuden akti XXIV/300 - Johansson, Karl August.
[32] Valtiorikosoikeuden akti III/520 - Johansson, Kuno Alfons.

että hän itse kertoo käyneensä Vilppulan rintamalla, mutta vain kokoamassa tehtyjä kuularuiskunrunkoja. Taisteluihin hän ei kertomansa mukaan ole osallistunut, vaan ollut Tampereella kuularuiskujen korjauspajalla töissä. Ammatiltaan hän oli sorvari.[33] Aarno Johansson on ainoa löytämistäni Johanssoneista, joka voidaan varmasti yhdistää Tampereen kaartin kuularuiskukomppaniaan. Yksi asia kuitenkin on voimakkaasti sitä vastaan, että hän olisi ollut komppanian päällikkö - hän oli 20.2.1900 syntyneenä Konradin haavoittumisen aikaan vasta 18-vuotias ja siten tuskin ns. päällikköainesta.

Käydessäni läpi Johanssonien valtiorikosoikeusakteja havaitsin, että kovin harva kertoi olleensa rintamalla. Miltei säännönmukaisesti syytettyjen oma tarina kertoi liittymisestä pakotettuna tai taloudellisista syistä ja vartiopalveluksesta jossain, missä asetta ei joutunut käyttämään, vaikka syytetty sellaista kantoikin. Siten sekä soittaja-, että kuularuiskunkorjaaja-Johansson muodostivat kannaltani piristävän poikkeaman tuohon massaan.

Koska valtiorikosoikeuden aktit eivät tuottaneet vastausta komppanianpäällikkökysymykseen tarkastelin seuraavaksi *Sotasurmat*-tietokantaa. Pidin täysin mahdollisena, että kuularuiskukomppanian päällikkö olisi teloitettu tai muutoin menehtynyt joko sodan aikana tai sen jälkeen. Kaiken kaikkiaan Johansson nimihaku tuottaa 233 osumaa tietokannassa.[34]

---

[33] Valtiorikosoikeuden akti XIX/679 - Johansson, Aarno Armas.
[34] Sotasurmasampo 1914-1922, https://sotasurmat.narc.fi/fi, haku nimirajauksella Johansson. Viitattu 19.3.2021.

A. Johanssoneja, jotka ovat taistelleet punaisella puolella tai joiden osapuoli on tuntematon, on tiedoissa luetteloitu 31. Hyvin harvalla on tiedoissa mainintaa joukosta, johon vainaja on kuulunut. Yhdelläkään A. Johanssonilla ei ole merkintää siitä, että henkilö olisi palvellut kuularuiskukomppaniassa.

K. Johanssoneja löysin yhteensä 17 ja näistä K.A. Johanssoneita oli kolme (3). K. ja K.A. Johanssoneista erottuivat kotipaikan, iän, tuomion ja/tai jonkun muun syyn takia seuraavat neljä punakaartilaista, jotka voisivat sopia Tampereen kuularuiskukomppanian päälliköstä oleviin vähiin esitietoihin:

- Karl Kustaa Juhonpoika Johansson, Tenhola. 18.7.1918 Elinkautinen tuomio.
- Kalle August Adaminpoika Johansson, työnjohtaja, kotoisin Lempäälästä, syntynyt: 17.8.1879, kuollut 7.1.1920 vankeudessa Hausjärvellä. Elinkautinen tuomio, joka on muutettu 10 vuoden vankeudeksi.
- Kustaa Adolf Johansson, kotoisin Turusta, kuollut vankileirillä Tammisaaressa 16.7.1918.
- Kustaa Engelbert Johansson, Turun punakaartista, kuollut Tampereen vankileirillä.

Kuten nähdään, yksikään tämän luettelon henkilöstä ei sovi aivan tarkalleen kuularuiskukomppanian päällikön profiiliin. Kahden ensimmäisen elinkautinen tuomio viittaisi joko jonkinlaiseen johtoasemaan kaartissa tai muuhun raskauttavaan tekijään. Tämän tutkielman puitteissa minulla ei ollut mahdollisuuksia selvittää tätä päällikköasiaa enempää. Kenties joku toinen tarttuu haasteeseen ja tutkii Tampereen punakaartin kuularuiskukomppanian vaiheita ja toimintaa tätä tarkemmin.

Punakaartilla oli käytössään Maxim, Colt, Lewis ja Madsen -tyyppisiä konekivääreitä, joista Maxim ja Colt olivat tavallisimpia. Näistä Maxim edelleen yleistyi sodan kuluessa, kun venäläisiltä saatiin tai ostettiin lisäaseistusta kaartille. Luultavimmin Konradinkin varsinainen sotatyökalu oli pyöräalustalle asennettu Maxim.[35]

Viljo Kajavan runossa Papinkatu 19:n oven pieleen kolahti Konradin henkilökohtaisen aseen tukki, mikä todennäköisimmin kuului venäläiseen ns. kolmen linjan kivääriin, joka käytti samaa 7,62x54R laippakantaista patruunaa kuin Maxim-konekiväärikin. [36]

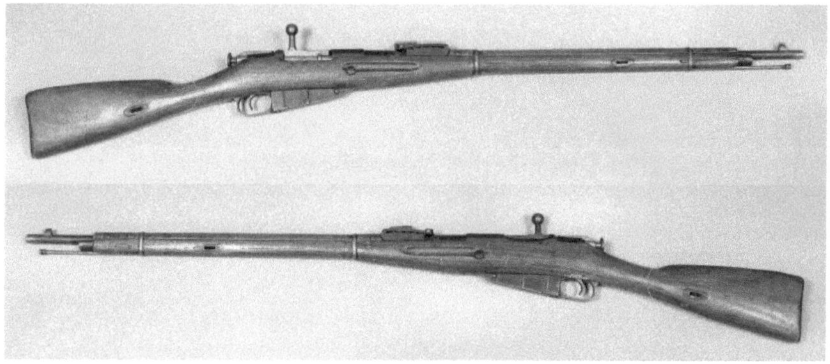

Kuva: Mosin-Nagant M1891 -kivääri

---

[35] Lappalainen, Jussi T: Punakaartin sota 2. Valtion painatuskeskus, Helsinki 1981b. s. 180 ja 195.
[36] Sama. s. 180 ja 195.

Mosin-Nagant M1891 -kiväärin nimitys *kolmen linjan kivääri*, johtuu siitä, että sen piipun läpimitta on kolme linjaa (1 linja on 2,54 mm, tuuman kymmenesosa.) eli 7,62 mm. Se on makasiinikivääri, jonka kehykseen menee viisi patruunaa. Ladattaessa niistä neljä tulee patruunamakasiiniin ja yksi piippuun. Mosin-Nagant oli luotettavan aseen maineessa - se toimi hyvin myös kovissa kenttäolosuhteissa, joissa kylmyys ja lika aiheuttivat joidenkin aseiden toimivuudelle ongelmia. Sisällissodan yleisimpänä kiväärityyppinä sitä oli sodan jälkeen itsenäisen Suomen sotaväen varastoissa vuonna 1919 noin 210000 kappaletta.[37]

Kuva: Turkulaisten kuularuisku Väärinmajalla, *Punanen viesti*

---

[37] Kivääri M1891, https://pkymasehist.fi/m1891.html, viitattu 14.3.2021.

Edellisessä kuvassa on punaisten konekivääriryhmä; kaikilla miehillä ampujaa myöten kiväärit selässä. *Punanen viesti* -julkaisun mukaan kuvassa on turkulainen konekivääri Väärinmajalla.[38] Oletan Konradin ryhmän näyttäneen hyvin samankaltaiselta kuin kuvassa olevan joukon. Miehiä pääosin siviilivaatteissaan, kaartin tunnus hihassa ja ehkä joku venäläinen varuste tuomassa sotilaallisuutta ulkonäköön.

Kuva: Kotkan punakaartin konekivääriosasto ja Maxim-konekivääri pyöräjalustalla. Venäläinen sotilaskypärä m17 tuomassa sotilaallisuutta. / *Kansan Arkisto*.

---

[38] Lehtimäki, Kimmo: Punapäällikkö - Verner Lehtimäki. Revontuli. Jyväskylä 2005. s. 53. Kuvateksti: Turkulaisten kuularuisku Väärinmajalla.

Edellisen kuvan kaltaisen, pienipyöräiselle Sokolov-jalustalle asennetun Maxim M/1910 -mallin tekniset tiedot ovat:

- Kaliiperi: 7,62 mm × 54 R
- Pituus: 1 110 mm
- Piipun pituus: 720 mm
- Paino: 24 kg
- Ammuksen lähtönopeus 740 m/s
- Syöttötapa: 250 patruunan kangasvyö, myös 200 patruunan katkeamaton metallivyö
- Tulinopeus: 520–580 lks/min
- Jalusta: Sokolov-jalusta, noin 36 kg

Sir Hiram Maximin kehittämää Maxim-konekivääriä pidetään ensimmäisenä nykyaikaisena konekiväärimallina. Se on toimintaperiaatteeltaan vyösyöttöinen ja vesijäähdytteinen rekyylitoiminen itselataava ase. Kuvan M/1910-mallin lisäksi Suomessa oli sisällissodan aikana käytössä vanhempaa M/1905-mallia, joka oli asennettu suurikokoiselle ja painavalle pyöräjalustalle.

Kuva: Puolalaisia sotilaita Colt-Browning-konekiväärin kanssa vuonna 1920, kuvaaja tuntematon


Colt-Browning M1895/1904 -konekiväärin tekniset tiedot:

- Kaliiperi: 7,62 mm × 54 R
- Pituus: 1 035 mm
- Piipun pituus: 712 mm
- Paino: 16 kg
- Ammuksen lähtönopeus n. 850 m/s
- Syöttötapa: 250 patruunan kangasvyö
- Tulinopeus: n. 480 lks/min
- Jalusta: Kolmijalka, noin 28 kg


Colt-Browning M1895 oli maailman ensimmäinen kaasutoiminen konekivääri. Sen lempinimi "potato digger" eli perunankuokkija tuli piipun alla sijaitsevasta kaasumännästä, joka piipun alapintaan poratusta reiästä syöksyvän kaasun voimasta heilahti alas 90 asteen kaaressa. Männän liike välittyi melko monimutkaisen rakenteen kautta vivulle, joka avasi lukon. Ilmajäädytteisyys rajoitti aseella ammuttavien laukausten määrää, koska piipun piti antaa välillä jäähtyä. Lisäksi kenttäkelpoisuutta haittasi piipun alla heiluva mäntä. Piipun alle piti jäädä miltei 30cm tilaa männän liikkeelle, joten aseella ei voinut ampua makuulta.


Rintamamatkan ensimmäinen etappi, kotoa Tampereen Papinkatu 19:sta[39] rautatieasemalle, on varmaankin käyty jalan. Kuljettavaa oli vajaat kaksi kilometriä. Kenties Konrad kulki jonkun toverin tai toverien kanssa. Rautatieasemalta juna on vienyt pikakoulutetun kuularuiskumiehen Lylyyn, jossa sijaitsi Punaisten pohjoisrintaman esikunta. Lylyn rautatieasemalta oli Tampereelta tuodut joukot helppo suunnata rintaman eri osiin.[40] Vaikka Konrad oli jo seikkaillut maailmalla, *"niin hirveästi kuin nuori ihminen voi seikkailla"*, on tämän Atlantin ylitykseen verrattuna todella lyhyen  matkan täytynyt tuntua poikkeukselliselta.

---

[39] Valtiorikosoikeuden akti XX/317 - Kajava, Konrad Johannes. Kuulustelupöytäkirjassa ilmoitettu kotiosoite.
[40] Lehtimäki (2005). s. 54.

## 2. TURKULAISET TOVERIT

*"Pohjoisesta tuli sarkatakkinen teräksenharmaa armeija,*

*se työntyi kuin keihäänkärki kaupunkia kohti*

*ja sitä keihäänkärkeä kohti*

*nelinkontin raahautui haavoittunut isäni*

*kunnes sortui kuularuiskunsa viereen -*

*verisestä lumesta turkulaiset toverit*

*raahasivat hänet rekeen*

*ja niin alkoi tappion tajuton vaihe"*[41]

Konrad Kajava haavoittui Vilppulan rintaman suunnalla, joko 20. tai 21.2.1918. Lähdeaineisto haavoittumisajan ja -paikan suhteen on sekavaa ja ristiriitaista. Tämä johtuu osin siitä, että Vilppula - Väärinmaja - Ruovesi -alueella taistelevat joukot olivat pääosin muualta tulleita - valkoiset Pohjanmaalta, punaiset Tampereelta, Helsingistä ja Turusta. Näin siis pääosin; mukana oli pienempiä osastoja myös muilta alueilta. Joukoilta puuttui siten paikallistuntemusta, mikä johti

---

[41] Kajava (1966), s. 53.

siihen, että esimerkiksi Väärinmajan kylän tapahtumia kirjattiin sattuneen Ruovedellä[42].

Toinen merkittävä syy sekavuuteen on, että Väärinmajassa taisteltiin aina 17.-18.3.1918 saakka. Helmikuun kiivain taisteluvaihe sijoittuu ajalle 21.- 25.2.1918. Maaliskuussa punaiset yrittävät uudestaan 11.3.1918 alkaen lyödä valkoiset ja päästä etenemään näiden selustaan Vilppulassa. Valkoisessa historiankirjoituksessa näitä maaliskuun taisteluja kutsutaan tavallisesti Mannisen taisteluksi.[43]

Konradin tilanteessa ensimmäinen haaste on se, että haavoittumispäivästä ei ole täyttä varmuutta. *Arbetet*-lehdessä 21.3.1918 julkaistussa haavoittuneiden ja kaatuneiden luettelossa on yhtenä nimenä K. Kajava, haavoittunut 20.2.1918 Ruovedellä. Uutinen mainitsee,

---

[42] Arbetet lehti kertoo 21.3.1918 Pentti Mänttysen haavoittuneen Ruovedellä 20.2.1918. Tämän VRO aktissa taas kerrotaan haavoittumisen tapahtuneen Väärinmajalla 21.2.1918. Lisäksi VRO aktissa nimi Bertil Mäntynen. Tapahtumien perusteella kyseessä kuitenkin sama henkilö. Arbetet, 21.03.1918, nro 34, s. 7-8 https://digi.kansalliskirjasto.fi/sanomalehti/binding/782418?page=8, Kansalliskirjaston digitaaliset aineistot vrt. Valtiorikosoikeuden akti XXI/641 - Mäntynen, Bertil Nikolai.

[43] Lehtimäki (2005) s. 55 ja 57. Myös Aunesluoma, Juhana ja Häikiö, Martti (toim.) Suomen Vapaussota 1918 kartasto ja tutkimusopas, Werner Söderström Oy, Porvoo 1996, s. 56 ja Lappalainen (1981b) s. 62-65. Taistelupaikat Nenosessa, Seppälässä ja Mannisessa toistuvat eri aikoina kuten myös punaisten yritykset lyödä valkoiset ennen kaikkea Seppälästä ja Mannisesta.

että hänet on viety Hatanpäälle.[44] Muiden lähteiden perusteella, voidaan olla varmoja K. Kajavan olevan nimenomaan Konrad[45]. Samassa luettelossa on kuitenkin muita punaisia, joiden osalta haavoittumispäivämäärätieto on toisaalla eri[46].


Puhtaaksikirjoitetussa valtiorikosoikeuden aktin kuulustelupöytäkirjassa etusivulla mainitaan Konradin haavoittumisajaksi 24.2.1918 ja paikaksi Lyly. Saman pöytäkirjan seuraavalla sivulla aika on 21.2.1918 ja paikkana vielä yleisemmin Lylyn rintama. Käsinkirjoitetussa versiossa esiintyy vain päivämäärä 21.2.1918 ja paikkana Lyly. [47] Myöhäisempää päivämäärää pidän puhtaaksikirjoitusvaiheessa tapahtuneena kirjoitusvirheenä.


Kumpi päivämääristä sitten on todennäköisempi haavoittumispäivä, 20. vai 21.2.1918? Molempia edellä mainittuja lähteitä vaivaa tietty sisäinen epäluotettavuus. Tappioluetteloita laadittiin usein reilusti tapahtumien jälkeen, hatarien muistiinpanojen tai pelkän muistitiedon varassa. Lisäksi mainittu paikallistuntemuksen puute lisäsi virheiden mahdollisuutta. *Arbetet*-lehden luettelo on julkaistu kuukausi Konradin haavoittumisen jälkeen eikä ole tietoa, mihin dokumenttiin se perustuu. Kuulustelupöytäkirja taas on kirjattu 8.6.1918, miltei

---

[44] Arbetet, 21.03.1918, nro 34, s. 7-8 https://digi.kansalliskirjasto.fi/sanomalehti/binding/782418?page=8, Kansalliskirjaston digitaaliset aineistot
[45] Kajava (1990), s. 59-60.
[46] Viitteessä 2 mainittu Bertil/Pentti Mäntynen/Mänttynen: luettelossa 20.2. Ruovedellä ja VRO aktissa 21.2. Väärinmajassa.
[47] Valtiorikosoikeuden akti XX/317 - Kajava, Konrad Johannes, kuulustelupöytäkirjat.

neljä kuukautta haavoittumisesta, jolloin Konrad oli maannut jo kuukausia sairaalassa. Haavoittuminen ja pitkä sairaala-aika - molemmat asioita, jotka ovat voineet vaikuttaa siihen, kuinka kuultava on muistanut päivämäärän. Koska näiden tietojen perusteella ei haavoittumispäivää voida luotettavasti todeta, on lisävastauksia haettava kyseisten päivien tapahtumista, mahdollisista tapahtumapaikoista ja tuolla rintamasuunnalla toimineista joukoista.

Kuten jo edellä kuvaamani perusteella voi nähdä, haavoittumispaikan suhteen vallitsee vastaava lähteiden ristiriita kuin tarkkaa haavoittumispäivää koskevissa lähteissä. Vaihtoehdot ovat siis *Arbetet*-lehden Ruovesi, kuulustelupöytäkirjan Lyly ja kolmantena VRO aktin liitteenä oleva Tampereen suojeluskunnan 24.7.1918 kirjattu lausuntopöytäkirja vangista, jossa haavoittumispaikaksi kerrotaan Ruoveden Seppälä.[48]

Näistä epätodennäköisimpänä haavoittumispaikkana pidän Lylyä. Helmikuun loppupuolella Lyly oli tiukasti punaisten hallussa. Taisteluja käytiin selvästi pohjoisempana Vilppulassa ja lännessä Ruoveden Muroleessa. Lyly säilyi punaisilla yli maaliskuun puolivälin, kunnes valkoisten hyökkäys löi puolustajat sekasorrossa kohti Tamperetta[49]. Käytännössä Lylyssä haavoittumisen olisi täytynyt tapahtua vahingonlaukauksesta, jotka ilmeisesti kyllä olivat varsin yleisiä molemmilla puolin rintamaa. Koska Konradin haavoittuminen on kuuluste-

---

[48] Valtiorikosoikeuden akti XX/317 - Kajava, Konrad Johannes, Tampereen suojeluskunnan lausunto.
[49] Lappalainen (1981b). s. 116-119.

lupöytäkirjan ja suojeluskunnan lausunnon mukaan tapahtunut taistelussa, pidän omien vahingonlaukausta Lylyssä varsin epätodennäköisenä vaihtoehtona. Lylyssä, taistelualueen ulkopuolella haavoittuminen sulkee pois runon tapahtumat: ei sortumista kuularuiskun viereen, ei veristä lunta eikä turkulaisia tovereita pelastamassa.

*Arbetet*-lehden uutisessa ja Tampereen suojeluskunnan lausunnosta löytyy tiettyjä yhtymäkohtia. Suojeluskunnan lausunnossa haavoittumispaikaksi mainittu Seppälä tarkoittanee Ruoveden Väärinmajan kylässä sijaitsevaa Seppälän taloa. Lehden uutinen olisi siten oikein, VRO aktin liitteen tieto täsmentää sitä. Seppälää haavoittumispaikkana tukee myös se, että Konrad oli tuotu junalla Lylyyn, josta etäisyys Seppälän talolle on muutamia kilometrejä - Ruovedelle matkaa kertyy huomattavasti enemmän.

Ainakin osa punaisten johtajista piti Seppälän taloa Väärinmajan kylän keskustana. Sen eteläpuolella on Seppälänjärvi ja idässä Nenosen kartano, josta on maayhteys Seppälään kapeaa kannasta myöden. Kannas erottaa Seppälänjärven ja sen pohjoispuolella olevan Hietasenjärven.[50] Pohjoiseen Seppälästä, Hietasenjärven länsirannalla oli Mannisen talo ja muutamia kilometrejä länteen Enoranta. Helmikuun 21. - 25. päivän välillä Väärinmajan taistelut keskittyivät tälle alueelle[51].

---

[50] Lehtimäki (2005) s. 56.

[51] Donner, Kai, Svedlin, TH ja Nurmio, Heikki: Suomen Vapaussota IV. Jyväskylä 1924. s. 406-407. Aunesluoma ja Häikiö (1996) s. 56. Lappalainen (1982b) s. 38-39.

Väärinmajalla ei ollut varsinaista rintamalinjaa taisteluhautoineen. Kylä sijaitsee noin 10km Vilppulasta länteen, Lylyyn matkaa kertyy noin 9km. Alue oli ja on edelleen harvaan asuttua ilman varsinaista kyläkeskusta. Talot olivat pienissä ryhmissä ja siellä täällä erämaassa oli yksittäistaloja. Niin punaisten kuin valkoistenkin tukikohdat sijaitsivat talojen tai taloryppäiden yhteydessä.[52]

Hietasen rannat, Seppälän maakannas ja Seppälänjärven koillisosat ovat kohtuullisella varmuudella olleet tuohon aikaan peltoina tai niittyinä, samoin kuin tiloja ympäröivät maat. Nenosen ja siitä pohjoiseen olevan Niemen välille ei ole kartoissa merkitty tietä tai edes polkua.[53] *Vanhaa Väärinmajaa* -kirjan kuvissa näkyy Seppälänjärven rannassa olevien peltojen ja niittyjen ympärillä tiheää sekametsää.[54]

---

[52] Lehtimäki (2005) s. 54.

[53] Sivonen, Mikko: viestillä kirjoittajalle 17.3.2021. Sivonen piirsi kartan ja selvitti alueen maastoa ja kasvillisuutta kirjoittajan pyynnöstä maaliskuussa 2021.

[54] Väärinmajan kylätoimikunta (toim.): Vanhaa Väärinmajaa. Oriveden Sanomalehti Oy, 1993. s. 30 ja 25.

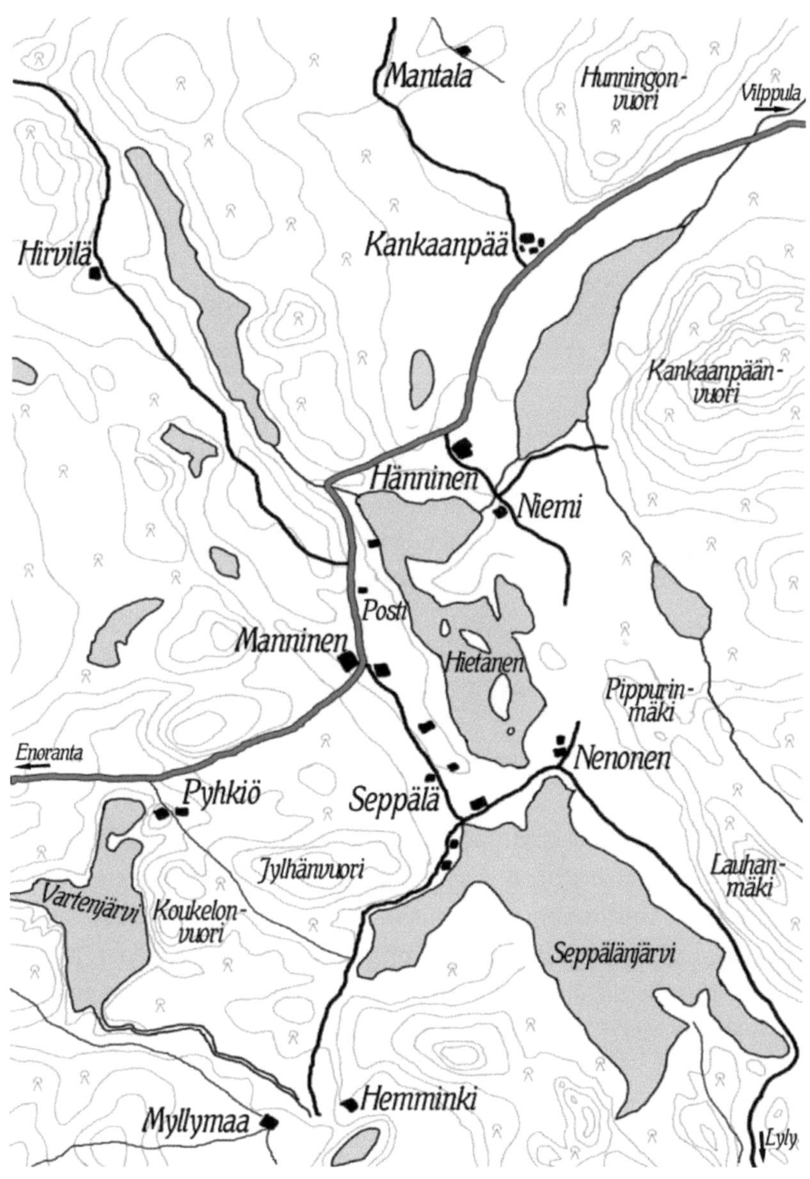


Kuva: Yleiskuva Väärinmajan alueesta, Mikko Sivonen 2021

33

Jos Viljo Kajavan runossa oleva maininta turkulaisista tovereista pitää paikkansa, täytyy kyseessä olla Verner Lehtimäen Turun ratsujoukko. Muita Turun punakaartin joukkoja ei Väärinmajan alueen taisteluihin näytä osallistuneen. Turun III IV II (3. rykmentti, 4. pataljoona, 2. komppania) oli taistelussa lännempänä Muroleen - Pekkalan alueella[55]. Koska edellä kuvattuun perustuen oletan Konradin haavoittumisen tapahtuneen Väärinmajan kylässä, jäävät mahdollisista turkulaisista auttajista jäljelle vain Lehtimäen ratsumiehet.


Realistinen vaihtoehto on myös se, että turkulaiset toverit ovat runoilijan käyttämää taiteellista vapautta. Ehkä "turkulaiset toverit" ilmaisuna vain sointuu runoon paremmin kuin pelkkä toverit. Tamperelaiset toverit olisi jollakin tavalla itsestäänselvyys. Olettaen turkulaisten toverien todella pelastaneen haavoittuneen Konradin, tarkastelen seuraavaksi sitä, missä olosuhteissa tuo haavoittuminen on voinut tapahtua.


## HAAVOITTUMINEN 20.2.

Punapäällikkö Verner Lehtimäki oli saapunut Lylyyn 120-miehisen turkulaisen ratsuosastonsa kanssa 17.2.1918 Tampereelta lähteneellä junalla. Lehtimäen saapumisen aikaan punaiset siirsivät pohjoisrintamansa painopisteen Väärinmajan kylän suuntaan. Tavoitteena oli murtautua siellä läpi valkoisten linjojen ja päästä näiden selustaan Vilppulassa, jossa rintama oli jähmettynyt Vilppulan kosken

---

[55] Lappalainen (1981b). s. 38-39.

kohdalle.[56] Väärinmajassa 21.2.1918 käynnistyneet taistelut liittyivät yritykseen laukaista tuo pattitilanne.

Kuva: Turun ratsuväkikomppania lähtövalmiina Vilppulan rintamalla, *Punanen viesti*

Turun ratsujoukosta löysin tiedonmurusen, joka voi liittyä Konrad Kajavan haavoittumiseen. Sekä *Arbetarnas Notisblad* että *Kansan Lehti* kertoivat pikku-uutisessa 23.02.1918 ratsujoukon olleen taistelussa 20.2.1918 Väärinmajassa.[57]

---

[56] Lehtimäki (2005) s. 53-55.

[57] Arbetarnas Notisblad, 23.02.1918, nro 24, s. 2, https://digi.kansalliskirjasto.fi/sanomalehti/binding/1163666?page=2, Kansalliskirjaston digitaaliset aineistot ja Kansan Lehti, 23.02.1918, nro 42, s. 8 https://digi.kansalliskirjasto.fi/sanomalehti/binding/1240001?page=8, Kansalliskirjaston digitaaliset aineistot.

ARBETARNAS NOTISBLAD

## Strider i Ruovesi.

Den 20 dennes på e.-m. drog Åbo Röda gardes kavalleritrupp från Lyly station åt Ruovesi Väärinmaja till. Då de anlände till Seppälä gård, i vilkens stenladugård vitgardister hade gömt sig. Öppnade vitgardisterna eld mot rödgardisterna och använde därvid sprängbara kulor. Resultatet blev att tre Åbo Röda gardes hästar stupade och en sårades. Av männen sårades tvänne svårt och en lindrigare samt försvann en. Fiendernas förluster är okända.

Pieniä, kokonaisuuden kannalta merkityksettömiä vivahde-eroja lukuun ottamatta on uutinen samansisältöinen molemmilla kotimaisilla kielillä. Kertomuksen mukaan 20.2.1918 iltapäivällä Turun punakaartin ratsuväkijoukko joutui valkokaartilaisten tulen alle ollessaan siirtymässä Lylyn asemalta Väärinmajalle. Valkoisten kerrotaan avanneen tulen Seppälän talon kivinavetasta punaisia ratsumiehiä vastaan. *Kansan Lehdessä* mainitaan ratsumiesten vastanneen tuleen, mutta joutuneen ylivoiman edessä vetäytymään. Tappioiksi molemmissa lehdissä mainitaan yksi lievästi haavoittunut ja kaksi vakavammin haavoittunutta taistelijaa sekä kolme kaatunutta ja yksi haavoittunut hevonen. Yhden miehen uutisoidaan kadonneen. Valkoisten tappiot jäävät tuntemattomiksi.[58]

Turun ratsujoukon päällikön, Verner Lehtimäen veli, toimittaja Konrad Lehtimäki oli hänkin jossakin vaiheessa Väärinmajan taisteluja sa-

---

[58] Arbetarnas Notisblad, 23.02.1918, nro 24, s. 2, https://digi.kansalliskirjasto.fi/sanomalehti/binding/1163666?page=2, Kansalliskirjaston digitaaliset aineistot ja Kansan Lehti, 23.02.1918, nro 42, s. 8 https://digi.kansalliskirjasto.fi/sanomalehti/binding/1240001?page=8, Kansalliskirjaston digitaaliset aineistot.

malla seudulla "*saadakseen kirjoituksilleen riittävä todellisuuspohjan*".[59] Hänen rintamavierailunsa tapahtui ilmeisesti vasta maaliskuussa, joten *Arbetarnas Notibladin* ja *Kansan Uutisten* jutut tuskin ovat hänen kynästään[60].

Uutisoinnissa kerrotaan valkoisten ampuneen räjähtäviä luoteja, joka on toistuva sisällissotaan liittyvä kauhutarina. Vaikka esim. *Punanen viesti* -lehti kertoo kuvan kanssa dum-dum-luodilla ammutusta punakaartilaisesta Väärinmajalla, on Eeva Tammi sisällissodan lääkintähuoltoa koskevissa tutkimuksissaan todennut, että yksikään lääkäri ei kerro sodan aikana hoitaneensa vammoja, joiden voisi varmasti sanoa syntyneen räjähtävästä luodista.[61]

Mielenkiintoista on, että Paavo Järvinen kertoo hänen omia sisällissotakokemuksiaan kuvaavassa romaanissa *Kovaa aikaa* sitä, kuinka

---

[59] Lehtimäki (2005) s. 54.

[60] Valtiorikosoikeuden akti VI/895 - Lehtimäki, Konrad Vilhelm. K. Lehtimäki ilmoitti 24.3. lähtevänsä Vilppulaan. Hän kertoo ehtineensä vain Korkeakoskelle, kun pakenevat punaiset tulivat vastaan ja palasi samassa junassa näiden kanssa Tampereelle. Myöhemmässä kuulustelussa K. Lehtimäki kieltää olleensa Väärinmajassa laisinkaan.

[61] Punanen viesti: Sosialidemokratinen kevätjulkaisu, 01.01.1918, nro 12, s. 41, https://digi.kansalliskirjasto.fi/aikakausi/binding/1106309?page=41, Kansalliskirjaston digitaaliset aineistot vrt. Tammi, Eeva mukaan: Tohtori A.J Palmen, sittemmin kirurgian professori, mainitsee tästä lääketieteellisessä julkaisussa sodan jälkeen. Palmén hoiti kaikki vaativampaa operaatiota tarvitsevat pääsotanäyttämö Tampereen haavoittuneet ja yhtään dumdumia tai sen käyttöä ei tullut vastaan. Sähköpostilla kirjoittajalle 30.3.2021.

jotkut punakaartilaiset valmistavat omatekoisia dum-dum-luoteja nimenomaan Väärinmajalla. Järvinen jopa kertoo, miten kaartilaiset katkaisevat luodin kärjen ja halkaisevat jäljelle jääneen osan luodista.[62] Sinänsä räjähtävä luoti on hieman harhaanjohtava nimitys; dum-dum-luodissa ei ole räjähdysainetta. Ontto luoti tai sellainen, jonka kärki on katkaistu paljastaen lyijysydämen, laajenee voimakkaasti kohteeseen osuessaan tai jopa pirstaloituu - "räjähtää".


Jos 20.2.1918 kahakan uutista verrataan edellä mainittuun, *Arbetet*-lehden tappioluetteloon, nähdään tiettyä yhteneväisyyttä näiden kahden lähteen välillä. Tappioluettelossa on 20.2.1918 päivälle merkitty seuraavat punaiset menetykset (käännös kirjoittajan):

- Lehtinen Kalle, Tampereen kaarti, ratsumies, kaatunut Ruovedellä 20.2.
- Kajava K. Tampereen kaarti, haavoittunut Ruovedellä 20.2. Viety Hatanpäälle.
- Kivimäki K. Tampereen kaarti, haavoittunut Väärinmajalla 20.2., hoidettavana Hatanpäällä.
- Lahtinen August, Tampereen kaartista, haavoittunut Väärinmajalla 20.2., viety Hatanpäälle.
- Mäkinen Arvo, Turusta, ratsumies, haavoittui oikeaan jalkaan Vilppulassa 20.2.
- Mänttynen Pentti (Bertil Mäntynen, lisäys kirjoittajan) Tampereen kaartista, haavoittunut Ruovedellä 20.2., viety Hatanpäälle.[63]

---

[62] Järvinen, Paavo: Kovaa aikaa. Warelia. Tyrvää-Vammala-Sastamala. s. 81.
[63] Arbetet, 21.03.1918, nro 34, s. 7-8 https://digi.kansalliskirjasto.fi/sanomalehti/binding/782418?page=8, Kansalliskirjaston digitaaliset aineistot.

Suuruusluokka 23.2.1918 uutisoitujen tappioiden kanssa täsmää kohtuullisesti. Luettelossa on yksi kaatunut ja viisi haavoittunutta - uutisessa yksi kadonnut, ja kolme eriasteista haavoittunutta. Haastavaksi asioiden yhteensitomisen tekee se, että vain yksi yllä olevista on Turun ratsuväkeä ja hänenkin haavoittumispaikkansa on Vilppula. Edellä kuvaamani perusteella selityksenä tähän voi olla vieraspaikkakuntalaisten epätäsmällisyys paikkojen määrittämisessä sekä tappioraporttien laatiminen jälkikäteen. Siten on myös mahdollista, että nimiä, joukko-osastoja ja/tai muita tietoja on edellä esitetty väärin. *Suomen sotasurmat 1914 - 1922* -tietokanta tuntee yhden Kalle Lehtisen, joka voisi sopia Ruovedellä kaatuneen punakaartilaisen profiiliin. Tämä Kalle Alarik Kallenpoika Lehtinen oli kotoisin Turun naapurikunnasta Liedosta ja hänet on merkitty kadonneeksi[64]. Tällöin hän kenties olisi se kadonneeksi ilmoitettu Turun ratsumies. Arvo Mäkinen, Konrad Kajava, K. Kivimäki, August Lahti ja Bertil Mäntynen olisivat nämä haavoittuneet. Kun huomioidaan tiedonkulun viiveet ja tietojen kirjaamisen olosuhteet, ei ole yllättävää, että 20.2.1918 kahakasta tehdyssä pikku-uutisessa Turun ja Tampereen kaartiin miehet ovat ehkä menneet sekaisin.


Epätarkkuusongelmasta kärsii myös viilari Armas A. Suovasen kuulustelukertomus, joka löytyy Konrad Lehtimäen valtiorikosoikeuden aktilta. Suovanen kuului Turun ratsujoukkoon ja kertoi osaston vaiheista sen liikkuessa Turusta Tampereelle ja edelleen Lylyyn rintamalle. Lylyssä joukko oli vahtipalveluksessa, teki tiedusteluretkiä ja harjoitteli. Näiden jatkoksi Suovanen mainitsee: *"Erään kerran mentiin Ruovedelle taisteluun, jolloin kaatui 2 ja haavoittui 3. Yksi yö oltiin*

---

*ketjussa Väärinmajassa, edellisenä yönä taisteltiin ankarasti samassa paikassa*".[65] Tapahtumien kulun ja tappioiden määrän puolesta Suovasen kertomus sopii varsin hyvin lehdissä uutisoituihin 20.2.1918 tapahtumiin. Haastavaksi tässä muodostuu tapahtumien aikamittakaava. Turun ratsujoukko lähti Tampereelta Lylyyn 17.2.1918, jolloin Suovasen mainitsemiin vahtipalvelukseen, tiedusteluun ja harjoitteluun olisi ollut aikaa noin kaksi vuorokautta ennen 20.2.1918 tappioita. Suovasen kuvaus yöstä ketjussa Väärinmajassa ja ankarasta taistelusta edellisenä yönä samassa paikassa voisi sopia 20.-21.2.1918 tapahtumiin. On myös täysin mahdollista, että Suovasen kertomus sijoittuu vasta maaliskuun taisteluihin ja hänen kuvaamillaan tapahtumilla ei ole mitään tekemistä Konradin lyhyen rintamajakson kanssa.


Edellä esitetyn perusteella pidän *Arbetarnas Notisblad* ja *Kansan Lehti* -julkaisujen uutisointia 20.2.1918 taistelusta lähtökohtaisesti melko luotettavana. Uutisen mukaan punaisia vastaan avattiin tuli, he kärsivät tappiota ja joutuivat vetäytymään ilman, että vastustajalle kyettiin aiheuttamaan havaittavia tappioita. Jos tätä tulitaistelua ei olisi käyty ja siinä kärsitty tappiota, miksi siitä olisi uutisoitu? Kuitenkin tappioiden määrää ja vihollisen joukon vahvuutta on voitu kaunistella: ensimmäistä todennäköisesti alas- ja jälkimmäistä ylöspäin.


Kimmo Lehtimäki kertoo kirjassaan *Punapäällikkö* kirjailija Gennadi Fishin teoksesta *Vala*, joka julkaistiin Neuvostoliitossa vuonna 1937 ja jonka päähenkilö on Turun ratsujoukon päällikkö Verner Lehtimäki.

---

[65] Valtiorikosoikeuden akti VI/895 - Lehtimäki, Konrad Vilhelm: viilari Armas A. Suovasen kuulustelupöytäkirja.

Tuossa kertomuksessa Lehtimäen ensimmäinen hyökkäys päättyy nolosti. Ensimmäisten ratsumiesten pudotessa osuman saaneina satulasta syntyy pakokauhu ja muu joukko perääntyy silmittömästi.[66] Tämä voisi hyvinkin olla viittaus 20.2.1918 tapahtumiin.


Kimmo Lehtimäki mainitsee myös ratsuosaston paluun rintamalta. Tällöin osaston miehet olivat kertoneet osaston joutuneen kovaan taisteluun tyhjäksi luullun Seppälän talon luona.[67] Tälle yllätetyksi joutumiselle ei ole annettu päivämäärää, mutta tiedossa olevien taistelutapahtumien valossa sen täytyy sijoittua 20.2.1918 päivälle. Kuten myöhemmin näemme, 21.2.1918 kumpikaan osapuoli ei yrittänyt edetä, vaan Seppälän-Nenosen -alueella käytiin kiivasta tulitaistelua. Punaiset ovat siis silloin tienneet vihollisen olevan Seppälässä. Tämä vastaa hyvin *Arbetarnas Notisbladin* ja *Kansan Uutisten* uutisointia Turun ratsuosaston yrityksestä edetä edellisenä päivänä Nenosesta Seppälään ja joutumisesta tuliylläkköön.


Lisää selvyyttä tapahtumien kulkuun 20.2.1918 osalta voidaan saada Väärinmajassa toimivien valkoisten ja punaisten joukkojen tiedoista. Selvitystehtävän haastavuutta lisää se, että punaisten päähyökkäys

---

[66] Lehtimäki (2005) s. 61 perustuen Konrad Lehtimäen VRO aktilla olevaan vahtimestari Uuno Jokisen kuulustelupöytäkirjaan. Jokisen kertoman mukaan Lehtimäen miehet olivat moittineet tätä siitä, että ratsujoukko oli yrittänyt mennä Seppälään selvittämättä ensin, onko siellä valkoisia.
[67] Lehtimäki (2005) s. 55.

pääsee alkamaan vasta 21.2.1918 ja siksi useimmat taistelukuvauk-
set alkavat vasta tuosta päivämäärästä.[68]

Punapäällikkö Mikko Kokko kertoon sodan jälkeen kirjoitetuissa ja
vuonna 1935 Neuvostoliitossa julkaistuissa muistelmissaan omasta
toiminnastaan Väärinmajan alueella. Kokko kertoo 20.2.1918 mars-
sineensa 60 miehen ja kahdeksan hevosen kanssa miehittämään Vää-
rinmajan kylää onnistuen siinä ilman laukausten vaihtoa. Näin siitä
huolimatta, että kylän naisten kertoman mukaan pelkästään Seppä-
län talolla olisi 34 valkoisten ratsumiestä.[69]

Kokon kertomus on monelta osin varsin haastava. Kokko käyttää pal-
jon vaivaa sen kertomiseen, kuinka hänen suunnitelmansa oli edetä
Väärinmajasta Vilppula-Ruovesi maantietä valkoisten selustaan ja si-
ten ratkaista Vilppulan rintaman tilanne punaisten eduksi. Kuitenkin
hän oli ylemmän esikunnan ymmärtämättömyyden takia estynyt
tuota suunnitelmaa toteuttamasta. Kokon mukaan hänet oli käsketty
pois Väärinmajasta takaisin Lylyyn ja näin loistava tilaisuus kuivui ko-
koon. Hänen kertomuksensa uskottavuutta nakertaa erittäin paljon

---

[68] Donner ja muut (1924) s. 400 ja 406, Lappalainen (1981b) s. 38 sekä Nii-
temaa, Vilho: Suomen ratsuväen historia, I osa. Mikkeli 1979, s.108. Don-
ner vihjaa sivulla 406, että jo 20.2. olisi taisteltu Mannisen suunnalla, joka
siis kuuluu Väärinmajaan. Sanamuoto: *"Mannisen ensimmäisen taistelupäi-
vän jälkeen - torstaina helmik 21 p:nä - jäivät niinhyvin valkoiset kuin pu-
naisetkin asemiinsa"*.
[69] Nissinen, E (toim.): Proletaarisen vallankumouksen rintamilta. Suomen
vallankumouksen Tutkijakunnan (SVT) kokoelma n:o 1. Valtion kustannus-
liike Kirja, Leningrad 1935. Sisältää mm. Mikko Kokon muistelmat.

se, että Kokko kertoo rintamapäällikkö E. Karjalaisen antaneen kyseisen käskyn Lylyssä 21.2.1918[70] eli samana päivänä kuin punaisten päähyökkäys Väärinmajaan käynnistyi!

Kuva: Seppälän talon rauniot, kesällä 1918, kuvaaja J Lehtinen

Lähtiessään Väärinmajasta Kokko kertoo tuhonneensa siellä sijainneen valkoisten puhelinkeskuksen ja ottaneensa kylän kaupasta valkoisille sinne varattuja talvivarusteita: lumipukuja ja hiihtokenkiä. Lylyyn palattuaan Kokko oli joutua kertomansa mukaan omien teloittamaksi, mainiten syyksi tuon kaupan ryöstön. Kovimpina räyhääjinä Kokko mainitsee Lehtimäen veljekset.[71] Palaan tähän episodiin ja sen mahdolliseen merkitykseen vielä tuonnempana.

---

[70] Nissinen (toim.) (1935).
[71] Sama.

Mannisen - Seppälän suunnalla 21.2.1918 alkaen toimineet valkoiset joukot tunnetaan lähteiden perusteella melko hyvin[72], mutta päivämäärä 20.2.1918 osoittautuu taas haastavaksi. Jos uskotaan Mikko Kokkoa ja hänelle kylän rouvien kertomaa tietoa valkoisista ratsumiehistä Seppälässä, jää mahdolliseksi kyseessä olevaksi joukoksi vain osasto Saksanniemen järjestyslipustosta. Tämä lipusto, joka oikeastaan tässä vaiheessa oli jo nimeltään Ahrenbergin lipusto, oli perustettu 3.9.1917 Ratsastavaksi poliisikomennuskunnaksi. Joukon sijoituspaikaksi tuli Porvoon lähellä sijaitsevan Saksanniemen kartano[73].

Järjestyslipusto hajaantui ja joutui pakenemaan, kun lokakuussa 1917 Helsingin punakaarti kävi venäläisten sotilaiden tukemana sen kimppuun Saksanniemellä. Lipustolaiset päätyivät matkaamaan pieninä ryhminä läpi Etelä-Suomen päätyen Pohjanmaan Lappajärvelle. Siellä joukko koottiin uudelleen, se aseistettiin ja sen koulutusta jatkettiin. Lipustosta tuli aikanaan itsenäisen Suomen ensimmäinen joukko-osasto.[74]

Lipuston toinen eskadroona ja konekiväärijoukkue oli lähetetty jo helmikuun alkupuolella Vilppulan rintamalle. Konekivääriosasto toimi Vilppulan rautatien suunnassa erillisenä yksikkönä 20.2.1918

---

[72] Väärinmajan taistelujen taistelupaikkakortti: verkossa http://wiki.narc.fi/portti/images/6/60/Vi_v%C3%A4.pdf, viitattu 12.3.2021.

[73] Hyytinen, Timo: Itsenäisyytemme alku. Arma Fennica, 2017, EU. s. 8 vrt. Väärinmajan taistelujen taistelupaikkakortti, jossa mainitaan Wreden ratsumiehet.

[74] Hyytinen (2017) s. 8.

tienoille saakka. Tällöin se lähetettiin, minnepä muualle kuin Väärinmajalle.[75] Jos Seppälässä oli 20.2.1918 valkoisia ratsumiehiä, luultavasti kyseessä oli nimenomaan tämä osasto. Toinen vaihtoehto tälle valkoiselle osastolle on taistelupaikkakortistossa Väärinmajan taisteluun osallistuneiden joukkojen listassa mainittu Wreden ratsumiehet.

En löytänyt todisteita Burmanin hiihtokomennuskunnan toiminnasta 20. - 21.2.1918 Väärinmajalla, mutta Wreden ratsumiehillä tarkoitetaan luultavasti korpraali Rabbe Wreden kahdeksan miehen vahvuista ratsupartiota, joka piti yhteyttä Ylä-Pohjan ja Ruoveden välillä.[76] Partio olisi Väärinmajalla melko kaukana tuosta toiminta-alueesta, mutta ei voida pitää täysin poissuljettuna, etteikö se johonkin tehtäväänsä liittyen olisi voinut toimia Seppälässä tuolloin. Wrede miehineen kuului järjestyslipustoon ja taisteli ainakin 23.2.1918 Enorannan maastossa. Tuossa hyökkäyksessä Wrede haavoittui ja menehtyi seuraavana päivänä haavoihinsa[77].

[75] Niitemaa (1979) s. 104.
[76] Sama (1979) s. 108.
[77] Niitemaa (1979) s. 108 ja Hyytinen (2017) s. 199.

Kuva: Väärinmajan taistelujen taistelupaikkakortti, *Kansallisarkisto*, digitoidut materiaalit

Näiden aihetodisteiden perusteella on siis mahdollista, että Konrad olisi haavoittunut 20.2.1918 Seppälän talossa tukikohtaansa pitäneiden Saksanniemen Järjestyslipuston osaston luodeista ollessaan konekiväärinsä kanssa Verner Lehtimäen ratsumiesten mukana.

**PURIVATKO OMAT KOIRAT**

Mikko Kokon kertomuksesta ei selviä, mitä hän tarkoittaa Väärinma-
jan kylän haltuunotolla. Koko laajahkon kylän valtaaminen 60 mie-
hellä vaikuttaa epäuskottavalta. Koska Nenosen talo, tai kartano oli
ilmeisesti punaisten hallussa taistelun alusta[78] siihen saakka, kunnes
he luopuivat siitä 24.-26.2.1918[79], on olemassa mahdollisuus, että
Kokon miehet miehittivät nimenomaan Nenosen, eivätkä edes eden-
neet järvikannaksen toisella puolella olevaan Seppälään.

Palatessani kertomukseen ryöstetystä kaupasta ja Kokon joutumi-
sesta Lehtimäkien hampaisiin syntyi epäilys siitä, että Turun ratsujou-
kon miehet ja Konrad heidän mukanaan, joutuivat itse asiassa Kokon
helsinkiläisten tuleen. Helsinkiläiset olivat luultavasti Nenosessa; suo-
rin reitti Lylystä Seppälään kulkee Nenosen kautta ja Kokon miehet
tiesivät, että alueella on vihollisen ratsumiehiä. Lehtimäki oli osastoi-
neen lähtenyt Lylystä iltapäivällä, joten päivä oli luultavasti jo hämär-
tymässä. Omien ampuminen tuossa tilanteessa ei olisi mitenkään
poikkeuksellista, kuten ei myöskään asian uutisoiminen kahakaksi yli-
voimaisen vihollisen kanssa. Tappioista oli ehkä pakko kertoa jotain,

---

[78] Asikainen, Liisa. Puhelimessa kirjoittajalle 3.3.2021. Asikaisen isovan-
hempien kotitalo on seuraava talo Nenosesta pohjoiseen (kartalla Niemi) ja
tieto perustuu Asikaisen äidin hänelle kertomaan. Oikeastaan ainoa lähde,
joka kertoo punaisten hyökänneen ensin Nenoseen ja edelleen Seppälään
tässä vaiheessa, on Mikko Kokon muistelmat, jotka vaikuttavat muutenkin
varsin epätarkoilta.
[79] Lehtimäki (2005) s. 59 ja 62. Lappalainen (1982b) s. 39. Niitemaa (1979)
s. 108. Punaiset luopuvat Nenosesta väliaikaisesti, palatakseen jossain vai-
heessa, koska maaliskuun taisteluissa he ovat jälleen asemissa Nenosen ki-
vinavetassa.

mutta niiden syntymekanismi saatettiin "valkopestä". Tämä on tietysti erittäin vahvaa spekulaatiota, mutta samalla täysin uskottava selitys Kokon käskemiselle rintamaesikuntaan ja joutumiselle melkeinpä "selkä seinää vasten".

Tämän vaihtoehdon uskottavuutta vähentää kuitenkin se, että valkoisten puolella Väärinmajassa taistellut Jaakko Koivula vahvistaa omassa kertomuksessaan tuon punaisten suorittaman Seppälän osuuskaupan ryöstön.[80] Sen perusteella Kokon kertomus miltei "selkä seinää vasten" joutumisen syystä pitäisi paikkansa.

## SITTENKIN VASTA 21.2.

Ehkä vahvin todiste Konradin haavoittumisesta 21.2.1918 aikana on nimettömäksi jäävän helsinkiläisen hoitajan päiväkirja. Tuo punakaartin ensiavussa palvellut nainen kirjoitti muistiinpanoihinsa: *"21.2. Oli kova ottelu punasien ja lahtarien välillä iltapäivällä 6 paikkeilla alkoi tulla haavoittuneita niitä tuotiin yht. 11...B. Kajava...Kaikki haav. Väärinmajassa. Läh. Tampereelle."*[81]

Kuten edellä totesin, käynnistyi Väärinmajan taistelu kunnolla 21.2.1918 ja jatkui eri lähteiden perusteella 25. tai 26.2. saakka.[82]

---

[80] Vanhaa Väärinmajaa (1993). s. 36.

[81] VROSyA, Aå-sarja, Helsinki n:o 617: punakaartin lääkintähuoltoon kuuluneen helsinkiläisen naisen päiväkirja.

[82] Lappalainen (1981b) s. 38-39 mukaan punaiset jättivät Nenosen 24.2. iltapäivällä/illalla talon navettaan tulleen tykin täysosuman myötä. Tässä yhteydessä punaiset olisivat sytyttäneet talon palamaan. Donner ja muut

Nenosen - Seppälän - Mannisen alueella 21.2.1918 käydyn taistelun tapahtumista on vaikea saada kattavaa ja täysin yksiselitteistä kuvaa.

Todennäköisimmältä tilannekehitykseltä 21.2.1918 päivän osalta vaikuttaa se, että Nenosen alue oli punaisten hallussa kyseisen päivän aamusta, luultavasti jo edellisestä päivästä. Ehkä suurin yksimielisyys eri lähteiden välillä vallitsee siitä, että punaiset olivat saaneet pikkuteitä myöten kuljetettua tykin tai tykkejä Nenosen lounaispuolelle ja taistelu alkoi tykkitulella Manniseen ja Seppälään. Kaj Donnerin *Suomen Vapaussota IV* -kirjan mukaan taistelu jatkui Ylä-Pohjan, Seppälän ja Mannisen luona kiivaana tulitaisteluna jalkaväen asein. Lähitaistelua ei Donnerin mukaan kyseisenä päivänä syntynyt.[83]

Myös Jussi T Lappalainen kirjoittaa tykkitulesta, mutta ei muusta taistelusta - mainiten erikseen, että punaiset eivät yrittäneet edetä 21.2.1918 kuluessa. Tulitaistelu jatkui hänen mukaansa seuraavana päivänä ja silloin siihen kerrotaan osallistuneen Tampereen punakaartin sekä Turun ratsujoukon miehiä.[84]

---

(1924) s. 406-407 kertoon punaisten poistuneen vasta 26.2. ja mainitsee, että Nenonen olisi syttynyt tuolloin palamaan. Niitemaa (1979) s. 108-109 taas kertoo, että punaiset saivat Nenosen haltuunsa 25.2. ja joutuivat poistumaan sieltä jo seuraavana päivänä 26.2.

[83] Donner ja muut (1924). s. 400.

[84] Lappalainen (1981b). s. 38.

Jos punaisen hoitajan päiväkirjan tieto pitää paikkaansa, on Konrad haavoittunut tuossa 21.2.1918 tulitaistelussa. Toki yhdentoista miehen tappiot kuulostavat melko korkeilta pelkässä tulitaistelussa, jossa kumpikaan osapuoli ei yrittänyt edetä.

Kuva: Nenosen talon rauniot, kuvaaja tuntematon

Valkoisena vastapuolena Seppälässä oli ilmeisesti 7. ja 9. eteläpohjalaisen komppanian osia. Näistä 7. komppania oli kotoisin Jalasjärveltä ja sen päällikkönä oli jääkäriluutnantti Kalle Kuokkanen. Komppanian vahvuus oli 14.2.1918 ollut 99 miestä ja se koostui muiden Vilppulan rintaman joukkojen tavoin suojeluskuntalaisista. Rintaman kokonaisvahvuus oli tuolloin 1462 taistelijaa. Vaasalaisista koostuvan 9. komppanian päällikkö oli jääkäriluutnantti Oscar Peltokangas. Yksikön osia siirrettiin 21.2.1918 aikana vahventamaan Kuokkasen komppaniaa ja seuraavan päivän aikana se siirtyi kokonaisuudessaan Seppälän -

Mannisen alueelle. Peltokankaan 9. komppaniaan kuului kaiken kaikkiaan 140 miestä. [85]


Jalasjärven komppaniassa sotinut kauhajokinen Jaakko Koivula muisteli käyneensä Mannisen - Seppälän alueella pienen valkoisten osaston kanssa hakemassa maitoa ja kohdanneensa siellä pitkän kolonnan punaisia etenemässä heidän tulosuuntaansa, eli kohti Ruovettä. Koivulan pieni osasto oli säästynyt paljastumiselta ja palannut Ruoveden Välikoskelle. Siellä Koivulan komppania oli saanut käskyn siirtyä heti Seppälään ja Manniseen, jotka yksikkö otti haltuunsa noin 70 miehen voimin. Punaiset olivat Koivulan kertoman mukaan väärään vihollistietoon perustuen väistyneet kylältä tuossa vaiheessa.[86] Koska Koivulan kertomuksesta puuttuvat päivämäärätiedot, tarkastelin niitä muihin tietoihin verraten. Koivula kertoi punaisten ryöstäneen varhain aamulla Seppälän osuuskaupan[87], jolloin on hyvin todennäköistä, että kyseiset punaiset olivat Mikko Kokon helsinkiläisiä.


Koska ei ole tiedossa, milloin Koivulan yksikkö saapui Seppälään, jouduin luottamaan taistelupaikkakortin tietoon, jonka mukaan tämä tapahtui 21.2.1918. Pidän kuitenkin mahdollisena, että Jalasjärven komppanian oli Seppälässä jo 20.2.1918 ja yllätti Lehtimäen turkulaiset. Taistelupaikkakortissa mainitut hämäläiset suojeluskuntalaiset tulivat alueelle vasta tämän helmikuun taisteluvaiheen lopulla, eivätkä siten todennäköisesti olleet mukana Konradin haavoittumiseen johtaneissa tapahtumissa.

---

[85] Donner ja muut (1924). s. 396-397 ja 406-407.
[86] Vanhaa Väärinmajaa (1993). s. 36.
[87] Sama. s.36.

Valkoisten johtajista Kalle Kuokkanen taisteli Väärinmajan - Vilppulan -suunnalla 1.3.1918 saakka, jolloin hänet siirrettiin Karjalan rintamalle pataljoonan komentajaksi. Kuokkanen palveli maataan vielä Talvi- ja Jatkosodissakin ylentyen jääkärieverstiksi. Hän kuoli 1956.[88]

Oscar Peltokankaasta tuli yksi sisällissodan uhreista. Väärinmajan jälkeen Peltokankaan komppania taisteli hänen johdollaan vielä Hyytiälässä ja Korkeakoskella. Korkeakoskelta komppania siirrettiin Vehmaisiin, missä Peltokangas vastaanotti Mannisen pataljoonan komentajuuden. Peltokangas ja hänen vain 13-vuotias adjutanttinsa haavoittuivat Tampereen taistelussa Messukylän kirkkomuurin vieressä illalla 25.3.1918. He molemmat menehtyivät haavoihinsa seuraavana yönä.[89]

Tarkempaa kuvaa turkulaisten ja heitä tukeneen Konrad Kajavan kuularuiskun taistelusta en ole kyennyt muodostamaan. Runon rivit haavoittuneena nelinkontin kohti vihollista pyrkivästä isästä eivät käytettävissä olevien todisteiden perusteella vaikuta täysin uskottavilta. Jos Konrad haavoittui 20.2.1918, se tapahtui ylläkön kaltaisissa olosuhteissa, joissa mitä ilmeisemmin yritettiin vain pelastautua pois vihollisen tulesta. Toisaalta on mahdollista, että haavoittumisen aiheuttivat omat, jolloin vastassa ei ollut runossa mainittu teräksenharmaa sarkatakkiarmeija.

---

[88] Sotatieteen Laitoksen Julkaisuja XIV, Suomen jääkärien elämäkerrasto 1975, Vaasa 1975 ISBN 951-99046-8-9. s. 317.
[89] Suomen jääkärien elämäkerrasto 1975, (1975). s. 496.

Jos taas haavoittuminen tapahtui 21.2.1918, se ei silloinkaan tapahtunut kohti vihollista edettäessä. Mikään lähde ei kerro, että punaiset olisivat pyrkineet tuolloin etenemään. Osuma olisi siten tullut siinä tulitaistelussa, mitä Nenosessa olleiden punaisten ja Seppälässä tukikohtaansa pitäneiden valkoisten välillä käytiin.

Vaikka en olekaan saanut täysin yksiselitteisesti selville Konradin haavoittumisen aikaa ja paikkaa, on joka tapauksessa selvää, että jossakin vaiheessa 20. tai 21.2.1918 rekeä tarvittiin. Todennäköisimpänä edellä esittämistäni vaihtoehdoista pidän sitä, että haavoittuminen tapahtui 21.2.1918 tulitaistelussa. Tätä johtopäätöstä tukevat erityisesti punaisen sairaanhoitajan päiväkirjan merkintä, Konradin oma kertoma hänen kuulustelupöytäkirjassaan sekä se, ettei ole mitään varmoja todisteita siitä, että 20.2.1918 Väärinmajassa olisi ollut aktiivista taistelutoimintaa.

Konrad päätyi turkulaisten toverien auttamana runossa mainittuun rekeen. Se reki vei onneksi sidontapaikalle eikä Lylyn Osuuskaupalle. Sen puotihuoneeseen punaiset olivat perustaneet kaatuneiden kokoamispaikan, jonka luo saapui Väärinmajasta pressulla peitettyjä hevoskuormia[90].

---

[90] Lehtimäki (2005) s. 54.

# 3. EI VÄRIÄ, EI SÄÄTYÄ

Sidontapaikalta Konrad vietiin Tampereelle; ensin Hatanpäälle Punaisen Ristin sairaala n:o 1:een.[91] Sisään sairaalaan hänet on kirjattu 22.2.1918 tulosyynä ampumahaava.[92]

Kuva: Idmanin huvila, *Museovirasto*

---

[91] Kajava (1990). s.59-60.
[92] Kansallisarkisto, Hämeen sotilaspiirin päällikön arkisto, mappi 35, luettelo Hatanpään I väliaikaisessa sairaalassa olleista potilaista.

Kyseinen sairaala oli perustettu 1.2.1918 Hatanpään kartanon maille entiseen Idmanin huvilaan. Huvilan päärakennukseen tuli 115 potilaspaikkaa ja lisäksi puutarhurin rakennukseen 30 paikkaa mahdollisille epidemiapotilaille. Konradin saapuessa sairaalaan, sen ylilääkärinä toimi lääketieteen kandidaatti Aatto Oksanen. Hoitajia sairaalassa oli viisi ja näiden apuna 14 säätyläisnaista.[93] He olivat opettajattaria, pankkineitejä, tyttökoululaisia, konekirjoittajia ja olipa joukossa jopa ryhmä partiolaisia.[94]


LK Aatto Oksasen ajatuksena oli ollut päästä Vimpelin tai Vöyrin valkoisiin sotakouluihin lääkäriksi, mutta tien pohjoiseen ollessa poikki Tampereella, hän päätyi Hatanpään sotasairaalaan lähes koko sodan ajaksi.[95] Oksanen mitä ilmeisimmin asetti Hippokrateen valan mahdollisten poliittisten mieltymystensä edelle. Konrad oli myöhemmin maininnut tämän nimeltä useaan otteeseen ja kertonut mm. tilanteesta, jossa Oksanen oli ojentanut toista lääkäriä sopimattomista puheista haavoittuneita punaisia kohtaan.[96] Niinikään Oksanen suojeli Hatanpäälle tuotuja valkoisia haavoittuneita vankeja vangitsijoiden väkivallalta.[97]

---


[93] Tammi, Eeva: Lääkintähuoltoa sisällissodassa - Tampere 1918. Grano Oy, Tampere 2018. s. 74.
[94] Reavuori, Antero: Saarrettu kaupunki - Tampere ja Mannerheim 1918. Docendo, 2018. s. 165.
[95] Tammi (2018) s. 39.
[96] Kajava (1990) s. 60.
[97] Tammi (2018) s. 40.

Viljo Kajava mainitsee muistelmissaan toisen, nimettömäksi jäävän lääkärin, joka oli toiminut Oksasen lisäksi Hatanpäällä. Tämän suhtautuminen punaisiin haavoittuneisiin oli runoilijan mukaan ollut hieman Oksasta kielteisempi[98]. On mahdollista, ja jopa todennäköistä, että tämä toinen lääkäri oli Eeva Tammen *Lääkintähuoltoa sisällissodassa* -teoksessa mainitsema Väinö Ora. Ora oli Tammen kirjan mukaan Hatanpään sairaalan ylilääkärinä 12.2.1918 saakka.[99] Vaikka hänestä ei Tammen kirjassa ole samanlaista sisällissotahistoriaa tai muistelmia kuin esimerkiksi Oksasesta, selviää muista lähteistä hänen olleen Hatanpään kartanon päärakennukseen ja navettaan kunnostetun mielisairaalan ylilääkäri 1915-1924.[100] Siten hän lienee osallistunut haavoittuneiden hoitoon Idmanin huvilaan sijoitetussa sotasairaalassa.

Mikäli Ora siis oli tuo Kajavan mainitsema toinen lääkäri, hänen hieman nuivempaa suhtautumistaan punaisiin potilaisiin voisivat selittää edellisen kevään tapahtumat. Huhtikuussa 1917 olivat Hatanpään

---

[98] Kajava (1990) s. 60. Runoilija muistelee isänsä saaneen hyvää hoitoa Hatanpäällä, mutta kahden lääkärin asennoitumisen potilaita kohtaan olleen hieman erilaista. Toisen Viljo Kajava kertoo sanoneen, että miksi menitte punakaartiin ja Aatto Oksasen tätä sanomisistaan ojentaneen.

[99] Tammi (2018) s. 74.

[100] Eeva Tammi sähköpostilla kirjoittajalle 10.2.2021. vrt. Aamulehti, 09.01.1916, nro 6, s. 3, https://digi.kansalliskirjasto.fi/sanomalehti/binding/765870/articles/1974601?page=3, Kansalliskirjaston digitaaliset aineistot, Oran valinnasta mielisairaalan ylilääkäriksi. Lisäksi Forsius, Arno: Viipurin kaupungin lääkärikunnasta 1900-luvun alkupuolella, Esitelmä Lahden Wiipurin Pojat –yhdistyksen kuukausikokouksessa 1.9.2009: "Kiljanderin jälkeen Papulan mielisairaalan lääkäreinä toimivat lääket. lis. Väinö Salomo Ora (1885–1933) vuosina 1924–1933". http://www.saunalahti.fi/arnoldus/viiplaak.htm, viitattu 10.2.2021.

mielisairaalan palvelijat ja osa alihoitajista perustaneet työväenyhdistyksen. Yhdistys oli vaatinut palkankorotuksia ja työpäivän lyhentämistä, mutta myös kohdistanut painostusta yhdistykseen kuulumattomiin hoitajiin sekä uhkaillut lakolla, jos vaatimuksiin ei suostuttaisi. Tilanne yhdistyksen ja sairaalan johdon välillä tulehtui. Lopulta yhdistys kääntyi 30.5.1917 terveyshoitolautakunnan puoleen ja vaati Väinö Oran tutkimista hänen toiminnastaan mielisairaalan lääkärinä. Kirjelmässä syytettiin Oraa mm. juopottelusta. Lautakunta totesi kaikki syytökset täysin pätemättömiksi, mutta on ymmärrettävää, että tapaus on saattanut vaikuttaa Oran asenteisiin työväenaatetta kohtaan.[101] Koska Hatanpäällä kuitenkin oli kaiken kaikkiaan viisi lääkäriä[102], ei Ora siten välttämättä ole se, joka hieman nuivasti kommentoi punaisia haavoittuneita.


Valkoisten kärki saavutti Hatanpään sairaalan 26.3.1918 aamulla vähän ennen kello seitsemää pihaan ratsastaneen "Lapuan lumiauran" jääkärivänrikki Matti Laurilan hahmossa. Vaikka sairaala oli Punaisen Ristin ylläpitämä, kääri moni haavoittunut siteistä itselleen valkoisen käsivarsinauhan tunnustaakseen tulijoiden väriä. Suinulan veriöylystä haavoittuneina vangiksi jääneet valkoiset palauttivat siten tunnukset, joista olivat joutuneet luopumaan. Osa punaisista taas

---

[101] Aamulehti, 27.06.1917, nro 142, s. 1, https://digi.kansalliskirjasto.fi/sanomalehti/binding/766322?page=1, Kansalliskirjaston digitaaliset aineistot ja juopottelusyytöksistä Kurki, Minna, Aamulehti 27.6.2017, https://www.aamulehti.fi/kotimaa/art-2000007441750.html, viitattu 10.2.2021.
[102] Reavuori (2018). s. 165.

vaikuttaa sairaalan valtauksen myötä vaihtaneen väriä varsin ketterästi.[103]


Perhe kävi katsomassa Konradia tämän maatessa sairaalassa. Viljo Kajava kertoon menneensä äitinsä kanssa huhtikuussa katsomaan isä-Konradia jään yli, koska matka Hatanpäähän olisi ollut muutoin kovin pitkä. Perhe asui sota-aikana Tampereella Korteslahdenkadulla Konradin vanhemman sisaren luona. Matkaa sieltä Hämeenkadun kautta sairaalalle olisi kertynyt n. 4 kilometriä. Jään yli oikaisten oli kuljettavaa ainakin kilometrin vähemmän. Sairaalan olot olivat järkyttäneet Konradin puolisoa; olot olivat kaoottiset, haavoittuneita joka puolella, punaiset ja valkoiset sekaisin.[104]


Oksasen päiväkirjamerkinnät kertovat, että 2.4.1918 Hatanpäässä oli 140 potilasta, joista 10 valkoisia. Seuraavana päivänä potilaita oli alkanut tulvia sairaalaan ja potilaspaikat loppuivat pian. Tulleiden joukoissa oli useita vakavasti haavoittuneita. Valkoisten saatua kaupungin haltuunsa voitiin potilaita alkaa siirtää kaupungin muihin sairaaloihin ja pahin kiire alkoi helpottaa.[105]

---

[103] Ylikangas (1993) s. 293-294. Kertomus siivouskaartilaisten kuoron esittämästä Jääkärien marssista uuden lojaaliuden ilmentymänä vaikuttaa melko fiktiiviseltä. On vaikea uskoa, että kaartilaisilla olisi ollut aikaa, saati tahtoa opetella Jääkärien marssia noissa oloissa. Kyse voi siten olla voittajien halusta tehdä hävinneet naurunalaisiksi ja osoittaa näiden epäluotettavuus ja aatteellinen ailahtelevaisuus.
[104] Kajava (1990) s. 60.
[105] Tammi (2018) s. 41.

Perheen huhtikuinen vierailu Hatanpäässä on tuskin tapahtunut kaupungin valtauksen ollessa käynnissä. Oksasen päiväkirjan mukaan sairaala jäi rintamalinjojen väliin, jolloin molempien osapuolten tykkituli osui alueelle. Punaiset ampuivat, jos pihalla näkyi yhtään liikettä.[106] Edellä kuvatut kaoottiset olot sairaalassa viittaisivat siihen, että vierailu on tehty hyvin pian kaupungin valtauksen jälkeen, kun taistelut olivat tauonneet ja kaduilla uskalsi liikkua. Mutta kuitenkin niin pian, että haavoittuneiden sumaa ei ollut ehditty purkaa. Ilmeisesti perhe ehti vierailla sairaalassa niin varhaisessa vaiheessa valkoista valtaa, ettei voittajien asettama punaisten sukulaisten vierailukielto ollut ehtinyt vielä voimaan[107].

Kuva: Näkymä Kaakinmaalta kohti Hatanpäätä ja Idmanin huvilaa 27.3.2021. Talven 1918 on täytynyt olla merkittävästi kylmempi, että tästä on voinut jään yli kulkea. Kuvaaja Teemu Lindqvist 2021.

---

106 Tammi (2018) s. 40.
107 Hoppu, Tuomas: Toivon ja epätoivon aika - Tampereen vankileiri ihmiskohtaloineen 1918. Tampere 2020. s. 100.

Potilassuman purkamiseen liittynee ainakin osittain myös se, että 12.4.1918 Konrad siirrettiin pois Hatanpäästä, Johanneksen kansakoululle eli Punaisen Ristin sairaala n:o 2:een[108] Siirtoambulanssina toimivat vankkurit.[109] Johanneksen koululle eli Tampereen II väliaikaiseen sairaalaan vietiin yleensä vaikeimmin haavoittuneet potilaat. Sidonta-asemilla oli ohjeet lähettää kaikki muut kuin sisätautiset tai pelkkää kääreiden vaihtoa tarvitsevat potilaat sinne. Noin viidennes koululle tuoduista potilaista menehtyi, mikä kertoo osaltaan sinne lähetettyjen haavoittuneiden kunnosta.[110] On mahdotonta tietää, johtuiko Konradin siirto suman purkamisesta, vamman vakavuudesta tai halusta keskittää punaiset potilaat Johanneksen koululle vaiko jostain muusta syystä.


Tätä taustaa vasten pohdin sitä, että mikäli Konradin haavoittuminen oli vakava, niin miksi häntä ei siirretty Hatanpäältä Johanneksen koululle jo aikaisemmin? Ensimmäiset potilaat oli otettu sinne jo 25.2.1918.[111] Voisiko syynä olla venäläisten välskärien ampumahaavoihin runsaasti käyttämä jodoformi[112]. Venäläisiä sanitäärejä, välskäreitä ja hoitajia tiedetään olleen Lylynkin alueella,[113] missä Konrad

---

[108] Tampereen II väliaikainen sairaala - Johanneksen koulun sairaalan päiväkirja 1918. Potilas n:o 1726, Kajava, Konrad.
[109] Kajava (1990) s. 59-60.
[110] Hoppu, Tuomas ja julkaisuryhmä: Tampere 1918. Tampereen museoiden julkaisuja 130. Tampere 2013. s. 93 sekä Tammi (2018) s. 77.
[111] Tammi (2018) s. 76.
[112] Jodoformi eli trijodimetaani on halogenoituihin alkaaneihin kuuluva orgaaninen yhdiste. Sitä voidaan edelleen käyttää antiseptisenä aineena lääketieteessä ja eläinlääketieteessä. Jodoformia on sisällissodan aikaan ollut käytössä ainakin voiteena ja jauheena. Jauheena se oli keltaista ja ilkeänhajuista.
[113] Klemettilä (1976). s. 119.

haavoittui. On mahdollista, että venäläiset antoivat ensihoidon hänelle.

Kuva: Jodoformisalvaa pahvisessa apteekkirasiassa, *Turun museokeskus*

Aatto Oksasen mukaan jodoformilla hoidettujen haavojen ympäristö meni usein laajasti kuolioon ja parani hitaasti.[114] Ehkä haavan ei alun perin arvioitu vaativan muuta kuin kääreiden vaihtoa, jolloin potilas vietiin Hatanpäälle. Kun vamma ei alkanutkaan parantua, vaan mennä jodoformin takia huonompaan suuntaan, oli edessä siirto vaikeammin haavoittuneiden hoitopisteeseen.

---

[114] Tammi (2018) s. 39.

Toinen vaihtoehto on, että sääreen osuneen luodin mukana haavaan on päässyt likaa ja bakteereja, jotka ovat myöhemmin tulehduttaneet haavoittuneen alueen. Jalkaan on tullut luutulehdus eli osteomyeliitti tai luumätä, kuten sitä tuohon aikaan kutsuttiin. Ennen antibioottien aikakautta tulehtunut luukudos tappoi sotilaita viime sodissakin vielä kuukausien päästä haavoittumisesta. Luunsirut olisi pitänyt saada poistettua mahdollisimman pian ja haavaa huuhdella säännöllisesti desinfioivalla aineella tulehduksen välttämiseksi.[115] Luultavasti jalan vamma ei ole vaikuttanut alkuun kovin vakavalta, mutta tulehduksen myötä tilanne on muuttunut.

*"Haavoittuneet olivat onnellisia,*

*he makasivat kansakouluissa*

*missä lääkärit eivät kysyneet väriä ei säätyä,*

*vain instrumenttiensa tehokkuutta."*[116]

Konrad Kajava leikattiin Johanneksen koululla; kirurgina toimi sairaalan ylilääkäri lääketieteen tohtori Arne J. Palmén. Palmén oli ilmeisen pätevä lääkäri. Hänen ansiostaan haavoittunut jalka säästyi, eikä sitä tarvinnut amputoida.[117] Johanneksen koulun sairaalan päiväkirjaan diagnoosiksi oli Konradin sinne saapuessa kirjattu: *Nekrosis tibiae sin. p. vuln. sclopet* eli ampumahaavan jälkeinen kuolio vasemmassa

---

[115] Lehtimäki sekä Tammi. Sähköpostilla kirjoittajalle maalis-huhtikuussa 2021.
[116] Kajava (1966) s. 60.
[117] Kajava (1990) s. 60-61.

sääressä.[118] Tämä kirjaus voisi tukea teoriaa siitä, että jodoformi oli syypää jalan vaivan pitkittymiseen.

Kuten Aatto Oksanen, myös Arne Palmén oli helmikuussa joutunut huomaamaan, että Tampereelta ei ollut pääsyä eteenpäin. Näin hänestä sukeutui Tampereen tärkeimmän kirurgisen sairaalan ylilääkäri. Aluksi hänen apunaan 200 potilaspaikkaista Punaisen ristin sairaala n:o 2:ta pyörittämässä oli kaksi apulaislääkäriä, mutta myöhemmin hän joutui tyytymään yhden hammaslääkärin apuun.[119] Lääkäripulasta johtuen huhuttiin tuon hammaslääkärinkin leikkaavan potilaita, joita tuotiin Tampereelle koko ajan.[120]

Vaikka Punaisen Ristin toimintaa Tampereella on arvosteltu, pyrittiin sen ylläpitämissä hoitolaitoksissa huolehtimaan mahdollisimman hyvin niin punaisista kuin valkoisistakin potilaista. Kritiikki kohdistuneekin kaupungin valtauksen jälkeiseen aikaan, jolloin järjestö olisi halunnut siirtää punaiset erillisiin sairaaloihin ja keskittyä valkoisten hoitamiseen. Tuomas Hoppu kertoo Palménin pitäneen Tampereen lääkäreistä tiukimmin kiinni Punaisen Ristin ihanteista ja oikeudenmukaisuudesta.[121]

---

[118] Tampereen II väliaikainen sairaala - Johanneksen koulun sairaalan päiväkirja 1918. Potilas n:o 1726, Kajava, Konrad.
[119] Tammi (2018) s. 39-40.
[120] Kajava (1990) s. 61.
[121] Hoppu ja muut (2013) s. 93.

Lääkintätarvikepulassa Palmén ja hoitokuntansa, joihin kuului jo aiemmin mainittujen lisäksi 11 sairaanhoitajaa sekä saman verran hoitoapulaisia ja sanitäärejä, joutuivat hoitotarpeiden pulassa improvisoimaan jatkuvasti. Arkisista esineistä ja materiaaleista tehtiin hoitotyöhön sopivia välineitä välillä hyvinkin luovasti.[122] Luunmurtumia hoidettiin voimistelusalin telineisiin kiinnitettyjä väkipyöriä ja ripustusvälineitä apuna käyttäen. Leikkaussalista puuttui juokseva vesi eikä koko rakennuksessa ollut kuin yksi kylpyhuone.[123]

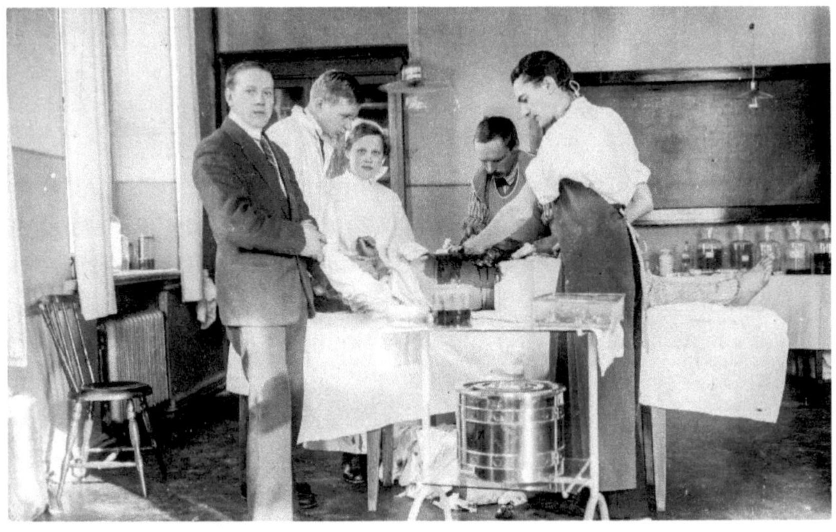

Kuva: Leikkaus Punaisen Ristin sairaala no. 2:ssa Johanneksen koululla. Toinen oikealta on tohtori A. J. Palmén. CC-BY Tampere 1918, kuvaaja tuntematon, *Vapriikin kuva-arkisto*.

---

[122] Tammi (2018) s. 42-43 ja 77.
[123] Reavuori (2018). s. 164.

Palmén operoi Konradin jalan 16.5.1918. Sairaalan päiväkirjasta löytyy tästä merkintä: *16/V - Trepanatio et sequestrotomia tibiae o. (aether).*[124] Eli samaan aikaan kun valkoinen armeija vietti Helsingissä voitonparaatiaan, porasi Palmén Konradin sääriluuta ja poisti siitä kuolioon mennyttä luukudosta. Potilas oli tainnutettu leikkausta vasten eetterillä. Tässä yhteydessä trepanaatiolla ei siis ole tarkoitettu termin tunnetumpaa merkitystä - kallonporausta. Konradin sairaalaan saapumisen ja jalan operoinnin välillä on reilu kuukausi. Kenties säärtä yritettiin hoitaa Johanneksen sairaalallakin ensin muilla keinoin, mutta niiden jäädessä tehottomiksi päädyttiin leikkaamaan.


Haavoittuneena Konrad ei koskaan päätynyt Kauppatorin vankirivistöihin, vaan kuten edellä olevassa runossakin todetaan, makasi kansakoululla. Siten hän säästyi Tampereen valloituksen jälkeisessä puhdistuksessa.[125] Sairaalassa oli lisäksi turvassa niiltä sattumanvaraisilta surmilta, joita sotilaat sekavassa tilanteessa heti valtauksen jälkeisinä päivinä toimeenpanivat. Omankädenoikeus kiellettiin pian ankarasti, mutta ei siksi, että rankaisutoimet olisi haluttu estää. Ne vain haluttiin ottaa kenttäoikeuksien johtoon.[126]


Jossakin vaiheessa Konradin huonetoveriksi Johanneksen koululla tuli runoilija Juhani Siljo, joka oli haavoittunut molempiin jalkoihin maa-

---

[124] Tampereen II väliaikainen sairaala - Johanneksen koulun sairaalan päiväkirja 1918. Potilas n:o 1726, Kajava, Konrad.
[125] Hoppu ja muut (2013) s.206-215.
[126] Tikka, Marko: Kenttäoikeudet - Välittömät rankaisutoimet Suomen sisällissodassa 1918. Hakapaino Oy, Helsinki 2004. s. 204-209.

liskuun puolivälissä Orivedellä ja jäänyt punaisten vangiksi. Tuskissaan Siljo oli pyytänyt vangitsijoitaan lopettamaan kärsimyksensä, mutta nämä eivät suostuneet, vaan toimittivat tämän hoitoon. Siljo menehtyi sairaalassa 6.5.1918.[127]


Kenraali Mannerheim teki vierailun Johanneksen koulun sairaalaan 7.4.1918, eli vain joitakin päiviä Tampereen taistelujen päättymisen jälkeen. Hän oli aiemmin samana päivänä osallistunut Johanneksen kirkolla pidettyyn jumalanpalvelukseen. Punavangit olivat siivonneet kirkon, mutta lehtereillä istuivat valkoisen armeijan sotilaat. Siivoojat vietiin takaisin vangittujen joukkoon.[128]

---

[127] Kajava (1990) s. 60-61 sekä Ylikangas (1993) s. 169. Ylikankaan mukaan vioittunut reisivaltimo aiheutti Siljolle sisäisiä vuotoja, joihin tämä lopulta menehtyi. Kirjoittajan Eeva Tammelta 2.2.2021 sähköpostilla saaman tiedon mukaan Siljo olisi saattanut jäädä henkiin, jos hoito olisi pysynyt konservatiivisena. Omaiset (ilmeisesti morsian) kuitenkin vaativat amputointia ja tähän oli lopulta suostuttu. Siljo ei kuitenkaan kestänyt anestesiaa ja operaatiota vaan menehtyi. vrt. Aamulehti 16.3.2018, Kuusela, Martti: Punaisten panssarijuna kylvi kuolemaa Oriveden asemalla – samalla haavoittui kuolettavasti myös yksi Suomen lupaavimmista runoilijoista. Kuusela käy kattavasti läpi Siljon vaiheita sairaalassa. Hänen mukaansa Aaro Hellaakosken käydessä katsomassa Siljoa kolmannen kerran sairaalassa, *"levisi jalasta ilkeä katku ja Siljossa oli jo selvä kuoleman leima"*. Kuusela ei mainitse, että Siljoa olisi leikattu vaan, että morsian ei olisi kestänyt jalasta lähtevää katkua ja olisi siten jättänyt runoilijan yksin sairaalaan. Voidaan spekuloida, olisiko varhaisessa vaiheessa tehty amputaatio pelastanut Siljon hengen. Silloin myöhäiskomplikaatioilta olisi säästytty. Lääkärit kuitenkin pyrkivät ensisijaisesti säästämään raajat.
[128] Reavuori (2018). s. 244.

Kuva: Johanneksen koulu

Sairaalavierailullaan Mannerheim kiitti siellä olevia valkoisia potilaita ja jakoi näille omakätisesti "haavoittumisnauhan".[129] Eeva Tammen mukaan Mannerheim oli antanut käskyn, ettei punaisia ja valkoisia saisi hoitaa samoissa huoneissa. Hänelle olikin tullut yllätyksenä Johanneksen koululla vieraillessaan, että tilanne oli juuri tämä; entiset viholliset makasivat vieri vieressä.[130] Tilanteesta kiukustuneen Mannerheimin kerrotaan kysyneen jokaisen potilaan kohdalla, onko tämä punainen vai valkoinen. Valkoiset saivat nauhan, punaiset pysyivät

---


[129] Ylikangas (1993) s. 497.
[130] Tammi (2018) s. 94.

yleensä vaiti.[131] Konrad ei siis kuitenkaan saanut tilaisuutta tavata valkoista ylipäällikköä, koska tämän käynti Johanneksen koululla tapahtui ennen Konradin siirtoa Hatanpäästä.

Pahastunut Mannerheim olisi halunnut siirrättää valkoiset potilaat pois Johanneksen koululta. Valkoisen ylipäällikön lähdettyä Palmén kyseli halukkaita lähtijöitä. Kaikki pysyivät hiljaa, niin punaiset kuin valkoisetkin. Asia jäi siihen ja potilaat pysyivät paikoillaan.[132]

---

[131] Ylikangas (1993) s. 497. Lisäksi Kimmo Lehtimäki 19.2.2021 sähköposti kirjoittajalle: Punaisen esikunnan "kiho" Kusti Kulo olisi saanut Mannerheimiltä sairaalassa mitalin, mutta se olisi häneltä myöhemmin otettu pois asian selvittyä valkoisille.

[132] Tammi (2018) s. 94 ja sähköpostilla kirjoittajalle 26.4.2021 vrt. Reavuori (2018), jonka mukaan Mannerheim olisi käskenyt siirtää punaiset muualle tai vaikka kantaa nämä kadulle. Raevuoren mukaan Palmén olisi tämän torjunut lääkärinetiikkaansa vedoten. Saman vahvistaa myös Hoppu (2020) s. 98. Hopun mukaan määräyksen siirtää valkoiset Hatanpäälle olisi antanut tohtori Thure Eklund.

# 4. SITTEN PYSTYTETTIIN PIIKKILANKOJA

*"Sitten*

*Pystytettiin piikkilankoja*

*murskattujen ja haavoittuneiden ympärille,*

*kunnes nähtiin ja kuultiin*

*kenelle osui elämän arpa,*

*kenet talutettiin joukkohaudan rotkoon*

*kainalosta kannattaen."*[133]

Konradin vangitseminen tapahtui 5.4.1918 sairaalassa ja hänen vankikortissaan vankileiriksi on merkitty Johanneksen koulu. Valitettavasti kortista puuttuu päivämäärä, joten en voi tietää tarkalleen, milloin se on laadittu. Nimen, ammatin, kotipaikan ja perhesuhteiden lisäksi korttiin on kirjattu tieto jalkaan haavoittumisesta. [134] Edellä toteamani mukaisesti, Konradin siirto Johanneksen koulun sairaalaan tapahtui 12.4.1918. Näin ollen Konrad on vangittu hänen ollessaan Hatanpäällä.

---

[133] Kajava (1966) s. 53.
[134] Valtiorikosoikeuden akti XX/317 - Kajava, Konrad Johannes ja Sotavankilaitoksen arkisto, Vankikortisto, Aakkosellinen vankikortisto (Bb:15, kortti X 7132).

Konradia kuulusteltiin Tampereella 8.6.1918. Tutkintatuomari U. Olavi Keson suorittamassa kuulustelussa oli todistajana läsnä Arvo Perttula.[135] Päivämäärän perusteella kuulustelun on täytynyt tapahtua Johanneksen koululla. Pääosa sairaaloissa olleista haavoittuneista punaisista kuulusteltiin juuri tuona päivänä[136].


Liekö kuulustelun puhtaaksikirjoittajalla ollut kiire. Alkuperäisen käsin kirjoitetun pöytäkirjan ja koneella puhtaaksikirjoitetun version välillä on parikin eroavaisuutta. Alkuperäinen pöytäkirja on kirjattu päivämäärälle 8.6.1918, mutta puhtaaksikirjoitettu 5.6.1918. Myös Konradin haavoittumispäivämäärä on muuttunut lopullisessa versiossa. Alkuperäisessä aika on 21.2.1918 ja puhtaaksikirjoitetussa taas 24.2.1918. Pöytäkirjan käsiala vaati hieman keskittymistä, mutta ei ole erityisen vaikeaselkoista. On varsin ymmärrettävää, että väsyneenä tai kiireessä on tuollaisia virheitä voinut hyvinkin syntyä.[137] On mielenkiintoista, että Keso on kirjannut kuulustelupöytäkirjan loppuun: *"Rangaistava mikäli ei haavoittuminen jo sovittanut. Ehdot vap. jalalle"*[138]. Ehdotus vaikuttaa myötäilevän Keson näkemyksiä hänen suhtautumisestaan punavankien tilanteeseen laajemminkin.[139]

---

135 Valtiorikosoikeuden akti XX/317 - Kajava, Konrad Johannes.
136 Hoppu (2020) s. 101.
137 Valtiorikosoikeuden akti XX/317 - Kajava, Konrad Johannes.
138 Yhdistelmä alkuperäisen ja puhtaaksikirjoitetun pöytäkirjan tekstistä. Puhtaaksikirjoitettu teksti päättyy tässä kohdassa kesken pöytäkirjan paperin reunaan: "Ehdot vap. jal". Alkuperäisessä sama kohta lukee: "Ehdot. vap. jalalle".
139 Aamulehti, 06.06.1918, nro 74, s. 7, https://digi.kansalliskirjasto.fi/sanomalehti/binding/1158615?page=7, Kansalliskirjaston digitaaliset aineistot.

Konrad Kajava poti jalkaansa Johanneksen koululla 15.7.1918 saakka, yhteensä 94 hoitopäivää. Sairaalan päiväkirjassa hänen kohdallaan on *Taudin päätös* -kohdassa merkintä *"kasarmille"*.[140] Tällä tarkoitetaan todennäköisesti Kalevankankaan kasarmeja, joissa sijaitsi vankileirin sairaala.[141] *Taudin päätös* -merkintöjä tarkastellessani paljastui ajatuksia herättävä asia. Konradin tavoin myös monelle muulle on tehty tuo *"kasarmille"*-kirjaus. Hieman yleisempänä esiintyy kuitenkin sanamuoto *"toipuvana kasarmille"*.[142] Koska näitä merkintöjä on tehty samalla käsialalla, oletin, että erilaiselle kirjaukselle on ollut jokin erityinen syy. Oliko niin, että vain *"kasarmille"* lähetettyjen ei välttämättä oletettu toipuvan toisin kuin niiden, joiden kohdalla tuo *"toipuvana"*-toteamus oli.


Elämä leikatun jalan kanssa vankileiri I:ssä Kalevankankaan laidalla ei liene ollut helppoa.[143] Potilaspaikoista ja tilasta yleensäkin oli pulaa ja hoito oli epäilemättä puutteellista. Esitettiinpä vankisairaalan henkilökuntaakin kohtaa syytöksiä nuivasta asennoitumisesta potilaita kohtaan. Kuitenkin oli myös niitä, jotka muistelivat vankileirisairaalassa olleen hyvä olla.[144]

---

Aarno Snellman ja Keso kirjoittivat siitä, että punaisten kohtaloista vankileireillä oli väärin vaieta. He olivat *"jääneet yleisön samoin kuin viranomaisten myötätuntoa vaille."*

[140] Tampereen II väliaikainen sairaala - Johanneksen koulun sairaalan päiväkirja 1918. Potilas n:o 1726, Kajava, Konrad.

[141] Hoppu (2020) s. 99.

[142] Tampereen II väliaikainen sairaala - Johanneksen koulun sairaalan päiväkirja 1918. Esim. potilaat n:o 1843, 1859 ja 1860 on merkitty toipuvana kasarmille.

[143] Kajava (1990) s. 60.

[144] Hoppu (2020) s. 102-103.

*"Vankileiri I:ssä*

*jotkut söivät nälissään ruohoa maasta*

*mutta isäni kohtalo oli sattuman siunaama:*

*heittelin ruokapaketteja piikkilanka-aidan yli,*

*koska pohjalainen vartija käänsi selkänsä*

*kun lapsi tuli."*[145]

Vankileirin korkea piikkilanka-aita on jäänyt runoilijan, tuolloin vähän alta kymmenvuotiaan Viljon mieleen. Isoäitini muisti olleensa mukana noilla ruoanvientimatkoilla, vaikka ei ollut vielä täyttänyt neljää vuotta. Hänen mieleensä oli jäänyt kuva kiltistä pohjolaisvartijasta, joka katsoi pois, hänen ja isoveljen tullessa tuomaan isälle ruokaa.[146] Olisiko vartija ollut isä itsekin? Tai kokenut ehkä jotain samaa kuin runon *Ampuivat turhaan hevosen* pohjalaisnuorukaiset, jotka sukkia kuivatessaan itkivät: *"-kun emme tienneet, että omaa kansaa vastaan"*.[147] Konradin kunnon on siis täytynyt olla sellainen, että hän on kyennyt liikkumaan sairaalasta  aidalle paketteja hakemaan. Tai ehkä hän on ollut yksi niistä potilaista, joille ei ollut tilaa sairaalassa ja siksi joutuivat potemaan vaivojaan sen ulkopuolella[148].

---

[145] Kajava (1966) s. 61.
[146] Kirjoittajan isän antama tieto syksyllä 2020. Perustuu hänen äitinsä kertomaan sisällissodan tapahtumista. Helena Kajava oli syntynyt 1914 ja sodan aikana siis 4-vuotias.
[147] Kajava (1966) s. 56 ja Kajava (1990) s. 398.
[148] Hoppu (2020) s. 102. Toukokuun alussa itse sairaalassa oli 214 vankia ja sen ulkopuolella 125 haavoittunutta vankia.

Valtiorikosoikeus kokoontui 20.7.1918 eli alle viikko Konradin saapumisesta vankileirille. Syyttäjänä toimi Lauri Talvia. Hän vaati Konradille edesvastuuta valtiopetoksesta. Valtiorikosoikeuden osaston n:o 20 muodostivat puheenjohtaja varatuomari Kaarle O. Laitinen sekä jäsenet varatuomari Urho Jaakkola, leipuri Eero Palomäki, johtaja Ilmari Hjort ja Robert Gustavson. Käsittely lienee ollut lyhyt. Pöytäkirjaan on merkitty vain, että syytetty myöntää tutkintapöytäkirjan oikeaksi. Lisäksi on viittaus asiakirjavihkoon, jossa lausunnot vangitusta olivat. Äänestystä ei istunnossa ole tarvinnut käyttää.[149]

Konradin edellä mainitun asiakirjavihkon ensimmäiset dokumentit on kirjattu päivälle 19.4.1918. Nämä kaksi asiakirjaa ovat Tampereen kirkkoherranviraston antama virkatodistus sekä entisen työantajan Oskari Kuloveden toimittama lausunto Kajavan työstä hänen palveluksessaan. Ajallisesti seuraava dokumentti on maalari Emil Virtasen lausunto Konrad Kajavan persoonasta ja kaartilaishistoriasta. Tämä lausunto on allekirjoitettu 22.4.1918. Virtanen kertoo tunteneensa Kajavan yli kymmenen vuoden ajan ja kuvailee tätä säännöllisenä miehenä eikä minään kiihkoilijana. Maalari Virtanen piti Kajavaa pakotettuna liittymään kaartiin perheen toimeentulon turvaamiseksi. Käsinkirjoitetun kirjeensä Virtanen päättää toiveeseen, että Kajava

---

[149] Valtiorikosoikeuden akti XX/317 - Kajava, Konrad Johannes vrt. Lepola, Lauri: Verinen Tampere. Kopijyvä, Tampere 2012. s. 108. Lepola nimeää Gustavsonin sijaan neljänneksi jäseneksi luutnantti Arvo Södermanin. VRO:n aktissa kuitenkin käsin kirjattu jäseniksi tekstissä mainitut. Nimen oikeinkirjoitusmuoto voi olla toinenkin (Gustafsson, Gustafson), mutta käsialan perusteella valitsin tämän kirjoitusmuodon.

päästettäisiin kotiin perheensä luo sairastamaan.[150] Kuten nyt tiedetään, ei tuolla vetoomuksella ollut vaikutusta, vaan Konrad Kajava päätyi vankileirille.

Kuva: Naisvankeja Kalevankankaan vankileirillä Tampereella, CC-BY Tampere 1918, kuvaaja tuntematon, *Vapriikin kuva-arkisto*.

Liekö perhe kerännyt huhtikuulle kirjatun aineiston tietoisena siitä, että kenttäoikeudet jakoivat vankeja kolmeen ryhmään: ammuttavat, vankileirille lähetettävät ja vapautettavat. Tavoitteena ehkä, että

---

[150] Valtiorikosoikeuden akti XX/317 - Kajava, Konrad Johannes.

olisi jotain, millä osoittaa, ettei Konrad isä kuulu ainakaan ensimmäiseen ryhmään.


Konradin aika Kalevankankaalla jäi lopulta todella lyhyeksi. Vain kaksi viikkoa leirille päätymisestään hän ontui kotiin. Rikkinäisenä, mutta elossa. Kenties hän haavoittuneena oli sittenkin onnekas - hän makasi pääosin hyvässä hoidossa ja ruoka sairaaloissa oli tavallista leirimuonaa parempaa. Yhdessä lasten tuomien pakettien kanssa ravinto riitti tukemaan, jos ei toipumista, niin ainakin selviytymistä. Suomessa tuolloin vallinneessa erittäin vaikeassa elintarvikepulassa, ensimmäisen maailmansodan vielä riehuessa, kaikki punavangit eivät olleet yhtä onnekkaita.

# 5. EI PAHAA KÄRPÄSELLEKÄÄN

*"- Tämä mies ei tee pahaa kärpäsellekään,*

*todisti valkoinen opettajatar kaartilaisesta*

*joka päästettiin vankileiristä ehdonalaisella,*

*vaikka oli ollut Vilppulassa ja Lempäälässä."*[151]

Viljo Kajava mainitsee muistelmissaan naapurissa asuneen opettajattaren, joka oli hänen mukaansa ottanut voimakkaasti kantaa Konradin puolesta tämän ollessa vankileirillä. Tämä isänmaalliseksi mainittu opettajatar jää tuntemattomaksi - hänen nimeään tai todistustaan Konradin puolesta ei ole säilynyt ainakaan valtiorikosoikeuden papereissa.[152]

Tuomio toiminnasta punakaartissa rikoksen avunantajana annettiin 30.7.1918. Kolmen vuoden kuritushuonetuomio ja sen jatkoksi määrätty viiden vuoden jakso, jolloin tuomittu olisi vailla kansalaisluottamusta, vaikuttaa kohtuullisen tyypilliseltä tai ehkä jopa ankarahkolta tamperelaisen asekaartilaisen tuomiolta. Esimerkiksi Tampereen työväenyhdistyksen johtokunnan jäsenet Nikolai Ahonen ja August Helminen tuomittiin aivan samanlaisiin rangaistuksiin[153]. Sama tilanne

---

[151] Kajava (1966) s. 91. Lempäälän osalta runoilija on ottanut taiteellisen vapauden. Haavoittuneena sairaalassa maannut Konrad Kajava ei ole voinut ottaa osaa maalikuussa käytyihin Lempäälän taisteluihin.
[152] Kajava (1990) s. 61.
[153] Lepola (2012) s. 133.

oli jo aiemmin mainitulla kuularuiskun päällikkö Vihtori Spännärillä, jolla kuulustelupöytäkirjassa mainitaan vielä kuularuiskun päällikkyys raskauttavana tekijänä. Lisäksi Spännäri oli liittynyt vapaaehtoisesti punakaartiin, eikä hän edes yrittänyt selittää asiaa pakottamisella tai taloudellisilla tekijöillä.[154]

Aimo Klemettilä on väitöskirjassaan selvittänyt erittäin seikkaperäisesti Tampereen punakaartilaisten tuomioita. Klemettilän mukaan Tampereen kaartilaisista 42% eli 2149 miestä tuomittiin eripituisiin rangaistuksiin. Valtaosa langetetuista tuomioista oli ehdonalaisia. Vain noin 13,5% kaikista tuomioista annettiin ehdottomina. Konekiväärikomppanian miesten tuomioista yli 30% oli ehdottomia. Prosentuaalisesti enemmän ehdottomia tuomioita annettiin vain tiedusteluosastossa, siviilipukuisten punakaartilaisten joukossa ja Hämeen rykmentissä palvelleille.[155]

Tätä taustaa vastaan runoilija Kajavan muistelmissa mainittu "*vain muodollinen tuomio valtiopetoksesta*"[156] ei aivan vaikuta pitävän paikkaansa. Sisällissodan jälkeen lienee ollut parempi kertoa lapsille isän saaneen vain mitättömän tuomion - harva varmaan halusi leimautua miksikään 'pääpunikiksi'.[157]

---

[154] VRYO akti 7939, Spännäri, Vihtori.
[155] Klemettilä (1976) s. 227-230.
[156] Kajava (1990) s. 61.
[157] Ajatusta tukee myös kirjoittajan isän käsitys, että Konrad olisi miltei aseella uhaten pakotettu liittymään punakaartiin. Tämä lienee hänen äi-

Kuten monen muunkin punaisen, myös Konradin kuritushuonetuomio muutettiin 20.6.1918 säädetyn lain perusteella viiden vuoden ehdonalaiseksi tuomioksi. Päätöksen perusteella oli Konrad Kajava siten laskettava vankileiristä heti vapaaksi.[158]

Ehdonalaiseen tuomioon liittyi velvoite käydä kahden viikon välein ilmoittautumassa poliisille. Ensimmäinen leima ehdonalaistodistuksen "näyttämisestä" leiriltä vapauttamisen jälkeen on lyöty 22.8.1918. Paperin toiselle puolelle on ilmeisesti saman vuoden lokakuussa kirjoitettu käsin: *"näytettävä joka kuun 16 päivänä"*. Merkinnät ilmoittautumisesta jatkuvat melko säntillisesti kerran kuussa 27.3.1920 saakka. Sen jälkeen merkintöjä ei enää ole.[159] Into vaarattomaksi todetun punaisen "kyttäämiseen" lienee hiipunut tuossa vaiheessa.

*"Ja niin tämä mies (joka ei kärpäsellekään)*

*alkoi pian kainalosauvoineen kolistella*

*yhteisissä portaissa ja ulkorappusilla*

*niin että akat tuskastuneina sanoivat:*

*"miksi ne nyt juuri sen sieltä päästivät"*

*Punaisten vaimot kateudessa yksimielisiä."*[160]

---

tinsä kertomaa. Isäni äiti on varmaankin pienenä tyttönä saanut kuulla sellaisen version isänsä sotataipaleesta, että lapsi ei sattuisi lipsauttamaan mitään raskauttavaa väärässä paikassa.

[158] Valtiorikosoikeuden akti XX/317 - Kajava, Konrad Johannes.

[159] Suomalaisen Kirjallisuuden Seura. Viljo Kajavan arkisto, L. Muiden aineistot Kajava, Konrad. Konrad Kajavan vapautuskirje sotavankilasta.

[160] Kajava (1966) s. 91.

Vaikka runosta voisi niin ymmärtää, ei Konrad päässyt Kalevankankaalta mitenkään erityisen varhain. Virallisten tietojen mukaan kaikilla vankileireillä oli 7.6.1918 yhteensä 74048 vankia. Todellinen lukumäärä on voinut olla suurempikin. Konradin vapautuspäivän aikaan 1.8.1918 oli vankeja jäljellä 41934 ja siitä kuukauden päästä enää 26844.[161] Aika moni on vapautunut Tampereellakin ennen Konradia. Ei ole ihme, jos puhtaaksikirjoitettuihin pöytäkirjoihin lipsahti joskus aiemmin mainitsemiani virheitä, koska valtiorikosoikeuden osastot ovat käsitelleet valtavan määrän tapauksia.

Voisiko tuo runon akkojen tuskastelu kuvata enemmänkin koko aikaa kuin juuri Konradin tilannetta? Voisiko se kuvata yleisesti kateutta niitä kohtaan, jotka saivat miehensä tai poikansa kotiin, kun omaa läheistä vielä pidettiin vangittuna?

Paluu kotiin ei ollut kuitenkaan pelkkää kadehdittavaa riemua ja helpotusta hengissä selviämisestä. Jonkinlainen kuvaus vaurioituneen jalan aiheuttamasta surusta löytyy Viljo Kajavan kokoelmasta *Murrosvuodet* vuodelta 1937. Runon 'hän' on Konradin vaimo Martta Kajava ja kohtaus todennäköisesti Konradin kotiinpaluu vankileiriltä.

---

[161] Pekkalainen, Tuulikki ja Rustanius, Seppo: Punavankileirit - Suomalainen murhenäytelmä 1918. Tammi. Porvoo 2008. s.52.

*"Minä näen hänen vetävän*

*riekaleiksi-ammutun miehen luokseen -*

*veriset sukat makaavat keittiön lattialla. -*

*minä näen hänen itkevän rampoja jalkoja.*

*joululahjasukkien läpi ammuttuja."*[162]

Vaikka Viljo Kajava onkin käyttänyt taiteilijan vapautta kuvaillessaan rampoja jalkoja, koska tosiasiassa vain toinen jalka oli haavoittunut, lienee kuvaus muutoin aika totuudenmukainen. Kotiin Konrad Kajava oli palannut kainalosauvat apunaan ja suuri, ruskea leipä mukanaan. Kalevankankaalta vapauduttuaan hän oli saanut heti työpaikan Kulo-veden räätäliliikkeessä. Siis samassa paikassa, mistä oli syksyllä 1917 lähtenyt kokeilemaan omia siipiään ja päätynyt aikanaan punakaartin palkkalistoille.[163]

Räätälimestari Oskari Kulovesi oli kaikesta päätellen kulttuuria ja si-vistystä arvostava perheenpää, joka ymmärsi ja tuki lastensa koulun-käyntiä ja opiskelua. Perheen lapsista vanhin, Yrjö, toimi Tampereella

---

[162] Kajava, Viljo: Murrosvuodet. K.J. Gummerus osakeyhtiön kirjapaino, Jy-väskylä, 1937. s. 8.
[163] Kajava (1990) s. 62 ja Kajava (1937) s. 24.

lääkärinä, nuorempi veli Erkki oli taidemaalari ja sisar Helmi hammas-
lääkäri.[164]

On sattumaa, että Konrad Kajavan ja Yrjö Kuloveden tiet eivät ilmei-
sesti kohdanneet sisällissodassa. Kuloveden ala oli psykiatria, mutta
hän toimi Tampereen piirityksen aikana lääkärinä sidonta-asemalla
Näsinlinnassa huhtikuun alussa 1918. Hän oli ollut järjestämässä ns.
lentävää ambulanssia eli siirrettävää sairaalaa, mutta työ jäi kesken
punaisten vaatiessa ambulanssin lähettämistä rintamalle. Kulovesi
määrättiin Reaalilyseossa toimineen sairaalan ylilääkäriksi. Sisarensa
Helmi Kulovesi, joka oli juuri valmistunut hammaslääketieteen kandi-
daatiksi toimi siellä leikkausavustajana. Sairaalan toiminta päättyi jo
viikon kuluttua sen perustamisesta, kun kaupunki valloitettiin. Tämän
jälkeen Yrjö Kulovesi järjesti oman ilmoituksensa mukaan vielä haa-
voittuneille tilapäisen sairaalan, jonka lääkärinä hän toimi. Kulove-
delle myönnettiin vuonna 1918 Suomen Vapaudenristin ritarikunnan
IV luokan ritarimerkki sekä Suomen Vapaussodan Muistomitali soljen
kanssa ansioista vapaussodan aikana.[165]


Konrad oli ystävystynyt Yrjö Kuloveden ja tämän Erkki-veljen kanssa
ollessaan töissä näiden isän räätälinliikkeessä. Yrjö Kulovedestä tuli
perheen lääkäri, joka kutsuttiin apuun aina, kun jollakin oli vaivaa.
Tuo hoitosuhde jatkui vielä ainakin 30-luvulla, kun Kajavat olivat pa-
lanneet Hämeenlinnasta Tampereelle ja Konrad tarvitsi apua pahaan

---

[164] Forsius, Arno: Yrjö Kulovesi (1887–1943) – työpaikkalääkäri, Tampereen
kaupungin terveydenhuollon luottamushenkilö ja työntekijä, psykoanalyy-
sin tienavaaja Suomessa. Verkkoartikkeli, 2006. http://www.sauna-
lahti.fi/arnoldus/kulovesi.htm, viitattu 15.2.2021.
[165] Forsius (2006).

ihottumaansa. Psykiatri osasi siis hoitaa tällaisiakin vaivoja.[166] Räätä-
limestari Kuloveden palveluksesta Konrad siirtyi 6.10.1919 Heikkilä &
Kestilä Oy:n valmistuspuolen osastomestariksi[167]. Heikkilä & Kestilä
Oy oli vuosina 1919-1931 toiminut tamperelainen pukutehdas, joka
fuusioitui kahden muun tehtaan kanssa muodostaen Yhdistyneet Pu-
kutehtaat Oy:n. Mänttään perustettu yritys teki alkuun päällys- ja
alusvaatteita. Vuonna 1914 tehdas sähköistettiin ja sinne hankittiin
mm. leikkauskoneita. Mäntässä Heikkilän tehdas tuotti paljon tava-
raa armeijan tarpeisiin.[168]


Sisällissodan jälkeen tehdas siirrettiin Tampereelle ja siellä aloitettiin
sotilasvaatteiden valmistaminen - nyt itsenäistyneen Suomen armei-
jalle. Viimeistään Heikkilä & Kestilällä Konrad tutustui menetelmään,
jossa kukin työntekijä teki neulomossa oman pienen osansa vaatteen
kokoamiseksi sen sijaan, että olisi valmistanut koko vaatteen alusta
loppuun. Ennen vaatteen kokoamista paksut kangaskerrokset leikat-
tiin sähköleikkureilla, kappaleet merkittiin ja niputettiin ja ne kulje-
tettiin koneellisesti neulomo-osastolle.[169]


Konradista ilmeisesti pidettiin Heikkilä & Kestilällä; kirjoittajan sedällä
on pöytäkello, jonka Konrad sai työtovereiltaan lähtiessään uuden

---

[166] Kajava (1990) s. 47 ja 54-55.

[167] SKS, Viljo Kajavan arkisto, L. Muiden aineistot Kajava, Konrad. Konrad
Kajavan työtodistus Heikkilä & Kestilä Oy:n palveluksesta, 10.11.1923.

[168] Vaatturitietokanta: Heikkilä & Kestilä Oy, Tampere, https://vaatturitie-
tokanta.com/2017/03/22/heikkila-kestila-oy-tampere/, viitattu 17.3.2021

[169] Kajava (1990) s. 56 sekä Vaatturitietokanta: Heikkilä & Kestilä Oy, Tam-
pere, https://vaatturitietokanta.com/2017/03/22/heikkila-kestila-oy-tam-
pere/, viitattu 17.3.2021.

työnantajan palvelukseen[170]. Työtodistuksesta selviää Konradin itse pyytäneen eroa tehtävästä. Todistukseen kirjatussa arviossa hänen kerrotaan käyttäytyneen hyvin sekä olleen erittäin säännöllinen ja ahkera työssään. Konradin mainitaan osoittaneen suurta järjestelykykyä ja yleensäkin taipumusta työnjohtoon. Tehtaan johtaja päättää arvionsa sanoihin: "...*on mieluinen velvollisuuteni suositella häntä luotettavana ja taitavana työnjohtajana.*"[171] Seuraava työjohtajan pesti vei Konradin ja perheen pois Tampereelta.

Kuva: Omistuslaatta Konradin työtovereilta läksiäislahjaksi saamassa kellossa.

---

[170] Kortesluoma, Tapio: sähköposti kellosta kirjoittajalle 19.1.2021. Kellon tiedettiin olevan läksiäislahja Konradin työtovereilta, mutta sen arveltiin liittyvän hänen myöhempään työuraansa. Koska kellossa on omistuslaatta, jossa päivämäärä 10.11.2023, se ei voi liittyä muuhun kuin lähtöön Heikkilä & Kestilä Oy:n palveluksesta.

[171] SKS, Viljo Kajavan arkisto, L. Muiden aineistot Kajava, Konrad. Konrad Kajavan työtodistus Heikkilä & Kestilä Oy:n palveluksesta, 10.11.1923.

# 6. HÄMEENLINNAN KARHUKERHO

Haavoittuminen ja siitä jäänyt vaiva eivät olleet ainoat harmit, mitkä seurasivat Konradia sisällissodasta. Hän tuli valituksi 22.10.1923 Hämeenlinnaan Valtion pukutehtaalle työjohtajaksi. Tehtävän alkamispäiväksi Puolustusministeriön intendenttiosasto ilmoitti 15.11.1923.[172] Perhe tietysti vaihtoi asuinpaikkaa isän mukana. Muutto Hämeenlinnan kasarmialueella olleeseen kahden huoneen ja keittiön asuntoon tapahtui vuodenvaihteessa 1923-1924. Viljo Kajavan muistelmien mukaan isä-Konrad oli tehtävään mennessään ilmoittanut avoimesti kuuluneensa punakaartiin ja saaneensa vastaukseksi, että asia ei haittaa enää mitään. Ilmeisesti ammattitaito painoi vaakakupissa viiden vuoden takaisia tapahtumia enemmän.[173] Vuonna 1923 Valtion pukutehtaan tai Armeijan Pukimon, kuten sitä myös kutsuttiin, henkilökunnan määrä Hämeenlinnassa oli yhteensä neljä työnjohtajaa, viisi räätäliä, viisi ompelijaa ja kymmeneen muuta työntekijää.[174] Työn alkamispäiväksi on Konradin kohdalla pukimon työntekijäluettelossa merkitty 14.11.1923[175]. Muutto sujui ilmeisen

---

[172] SKS, L. Muiden aineistot Kajava, Konrad. Viljo Kajavan arkisto. Puolustusministeriön intendenttiosaston kirje Konrad Kajavalle 22.10.1923.

[173] Kajava (1990) s. 56, 63 ja 66. Se, että punaisten puolella taistellut ammattimies otetaan työhön, ei sinänsä ole valtavan poikkeavaa. Samaa on todettavissa Kymenlaakson paperitehtailla - ne eivät yksinkertaisesti pyörineet ilman ammattitaitoista työvoimaa. vrt. Aalto, Seppo: Kapina tehtailla - Kuusankoski 1918. Kustannusosakeyhtiö Siltala, Helsinki 2018. s.336-337.

[174] Manninen, Markus ja Schulman, Sari: Valtion pukutehdas - Rakennushistoriaselvitys, Arkkitehtitoimisto Schulman Oy, 2013. s. 6.

[175] Bab:1, Valtion pukutehtaan arkisto: Työntekijöiden luettelo (1924-1930).

ripeästi, koska työ pääsi alkamaan jo päivää ennen ministeriön kirjeeseen merkittyä ajankohtaa.


*Helsingin Sanomat* teki 22.2.1925 jutun Suomen armeijan vaatettamisesta. Vierailusta Armeijan Pukimolle kerrottiin mm. että tehtaan neulomon kullakin n. 100 työtekijällä oli jokaisella oma osuutensa pukujen ompelemisessa. Yksi kiinnittää taskut, toinen hihat ja joku taas napit. Työt on järjestetty, kuten lehti nimittää: *"Taylor-systeemin mukaisesti"*.[176] Konrad oli tutustunut jo Heikkilä & Kestilä Oy:n töissä Tampereella tähän työmenetelmään, jossa vaatteen valmistus jaettiin työvaiheisiin työntekijöiden välille sen sijaan, että yksi vaatturi olisi tehnyt sen alusta loppuun saakka valmiiksi.[177] Jos ei mitään muuta, saatiin menetelmällä ainakin yhtenäistettyä puvustoa, kehitettyä soveliaampia kuoseja sekä saavutettiin kangastavarasäästöjä.[178]

---

[176] Helsingin Sanomat, 22.02.1925, nro 52, s. 6, https://digi.kansalliskirjasto.fi/sanomalehti/binding/1393993?page=6, Kansalliskirjaston digitaaliset aineistot.

[177] Kajava (1990) s. 56. Kajavan muistelmissa mainitaan Taylor-järjestelmä, jolla luultavasti tarkoitetaan taylorismia eli tieteellistä liikkeenjohtoa. Yksi sen perusajatuksia oli, että työnsuorituksessa oli parempi seurata työntekoa tarkasti ja sen pohjalta kehittää parempia työtapoja kuin luottaa traditioon ja vanhoihin käytäntöihin. Taylorismissa esim. tehtaan työt ositetaan lukuisiksi yksinkertaisiksi työvaiheiksi, joiden tehokkuutta voidaan optimoida mahdollisimman pitkälle.

[178] Kansan Voima, 01.08.1925, nro 83, s. 2, https://digi.kansalliskirjasto.fi/sanomalehti/binding/1408315?page=2, Kansalliskirjaston digitaaliset aineistot. Uutinen valtion tilintarkastuksesta saman sisältöisenä myös useissa muissa sanomalehdissä. Armeijan Pukimoa käsitellään lyhyesti ja ti-

*Suomen Sotilas* kuvaili ompelimon toimintaa helmikuussa 1927 näinkin runollisin sanankääntein: *"Toisesta päästä annettiin ompelijoille leikkaussalissa leikatut valmiit kappaleet ja toisesta päästä tulla tupsahti valmiita koreita housuja. Muistui siinä mieleeni amerikkalainen makkaratehdas, jonka toiseen päähän johdettiin koneisiin kokonaisia härkiä ja toisesta päästä korjattiin talteen hopeapaperilla kauniisti kietaistuja makkaroita...".* Menettelyn, jossa sama henkilö suorittaa alusta loppuun koko työn, lehti arvioi kuuluvan jo menneisyyteen.[179]

Kuva: Kajavat Hämeenlinnaan muuton jälkeen, kirjoittajan kokoelma

---

lanteessa, jossa pukimon oma ompelimo ei ole vielä aloittanut toimintaansa. Kokonaisuudessaan pitkähkön lehtijutun sävy on melko kriittinen valtion rahankäyttöä kohtaan.

[179] Suomen Sotilas, 12.02.1927, nro 7, s. 12, https://digi.kansalliskirjasto.fi/aikakausi/binding/1106007?page=12, Kansalliskirjaston digitaaliset aineistot.

Armeijan Pukimon tieteelliseen liikkeenjohtoon perustuva työmenetelmä ei kuitenkaan saanut osakseen pelkkää ylistystä. Syyskuussa 1927 oltiin tilanteessa, jossa työnantaja oli ilmeisesti laskenut työntekijöiden palkkoja ja heikentänyt muita etuisuuksia. Tämä yhdistettynä tyytymättömyyteen tehtaalla käyttöönotettua "systeemiä" kohtaan johti palkankorotusvaatimuksiin ja lopulta työselkkaukseen.[180] Selkkaus ratkesi ainakin osin syksyn aikana, kun pukimolle saatiin neuvoteltua uusi työhinnoittelusopimus[181].


Viljo Kajavan muistelmissa kerrotaan *Hämeen Sanomissa* julkaistun vuonna 1933 tieto isä Kajavan osallistumisesta punakaartiin. Konradia kerrotaan painostetun työpaikallaan ja hänen lopulta menettäneen työnsä. Runoilijan mukaan erottamisen takana oli Lapuanliikkeeseen kuulunut siviilihenkilö - upseerit olivat olleet tapahtumasta pahoillaan.[182] Sisällöltään tarina Konradin erottamisesta vastaa sitä, mitä minulle on omassa perhepiirissä kerrottu.[183] Hieman värikkäämmässä kertomuksessa tuosta työpaikan menettämisestä kerrotaan potkujen tulleen Konradin poliittisen taustan sekä juopottelevan

---

[180] Hämeen Kansa, 08.09.1927, nro 101, s. 2, https://digi.kansalliskirjasto.fi/sanomalehti/binding/1527998?page=2, Kansalliskirjaston digitaaliset aineistot ja Vaatetustyöläinen: Suomen vaatetustyöntekijäin liiton äänenkannattaja, 01.10.1927, nro 3, s. 9, https://digi.kansalliskirjasto.fi/aikakausi/binding/948058?page=9, Kansalliskirjaston digitaaliset aineistot.
[181] Hämeen Sanomat, 25.10.1927, nro 246, s. 2, https://digi.kansalliskirjasto.fi/sanomalehti/binding/1529515?page=2, Kansalliskirjaston digitaaliset aineistot.
[182] Kajava (1990) s. 63.
[183] Kirjoittajan isän kertomana. Varmaksi ei voida sanoa, perustuuko tuo muistitieto itse kuultuun vai vaikuttavatko siihen Viljo Kajavan muistelmat.

Isänmaallisen kansanliikkeen (IKL) mustapaidan väärämielisen kantelun takia. Konradia kerrotaan myös mustamaalatun paikallisessa sanomalehdessä.[184]

Tosiasiassa tuo paljastus tai oikeastaan herjaus tapahtui jo syyskuussa 1930. Eikä sen mediana suinkaan ollut *Hämeen Sanomat*. Mustamaalauksen julkisuudessa aloitti *Rintamamies*-lehti, joka asemoi itsensä tuolloin Vapaussodan rintamamiesten liiton äänenkannattajaksi. Se julkaisi 6.9.1930 uutisen otsikolla: *"Ent. punasotilaat herroina armeijan pukimolla ja muuallakin"*. Lehden mukaan näitä ei ole useista ponnistuksista huolimatta saatu pois tehtävistään ja kertoo näiden nauttivan huomattavia palkkoja sekä omituisia etuisuuksia.[185]

Uutisessa todettiin hyvinkin suoraan, että Konrad Kajava ei olisi ammatillisesti kelvollinen räätälinä; saati sitten pätevä Armeijan Pukimon työnjohtajana. Konradin aiempi työhistoria ei nähdäkseni tue tätä syytöstä laisinkaan. Hänen käytöstään tuossa tehtävässä kuvataan rehvakkaaksi, mitä kirjoittaja ei mitä ilmeisimmin siis pitänyt sopivana. Konradin sisällissotahistoriasta kerrottiin sinänsä melko totuudenmukaisesti: liittyminen vapaaehtoisesti, haavoittuminen Vilp-

---

[184] Saviniemi, Kari: Kukaan ei ole voittaja. Artikkeli Kulttuurivihkot 6/11. Domirola, 2011. s. 19.

[185] Rintamamies : Vapaussodan rintamamiesten liiton äänenkannattaja, 05.09.1930, nro 3, s. 1, https://digi.kansalliskirjasto.fi/aikakausi/binding/1366025?page=1, Kansalliskirjaston digitaaliset aineistot vrt. työhistorian osalta SKS. Viljo Kajavan arkisto. Konrad Kajavan työtodistus Heikkilä & Kestilä Oy:n palveluksesta, 10.11.1923.

pulan rintamalla ja saatu kuritushuonetuomio. Konradin syyksi työjohtajan tehtävässä luetaan lisäksi mm. sairaslomalla olo: "...ja saanut kipeän jalkansa takia kuukausia kestäneitä sairaslomia..." ja hänen työmatkansa Yhdysvaltoihin: "...päässyt valtion kustannuksella ulkomaanmatkoillekin". Mainitaanpa Kajavan nauttivan lehden mukaan kummallisesta asuntoedusta.[186] Sairaslomien määrää ja kestoa noilta ajoilta lienee mahdoton selvittää. On hyvinkin todennäköistä, että Konrad on joutunut olemaan joskus poissa töistä, koska jalan vamma vaati päivittäistä hoitoa ja aiheutti kantajalleen kärsimystä. Hänelle on kuitenkin maksettu täyttä palkkaa koko Pukimon palveluksessa olonsa ajalta. [187]. Siitä mihin kummallisella asuntoedulla viitataan, en ole löytänyt selvyyttä.


Pitää paikkaansa, että Konrad kävi pukutehtaan laskuun ulkomailla. Tämä hänen kolmas vierailunsa Pohjois-Amerikkaan oli opinto- ja hankintamatka. Matka Suomesta ensin Englantiin ja edelleen valtameren yli alkoi 15.2.1927[188]. Yhdysvaltoihin Konrad saapui Ellis Islandin kautta 27.2.1927. Atlantin ylitys oli tapahtunut Titanicin sisaralus Olympicilla. Maahantulovirkailija oli merkinnyt Konradin kielitaidoksi suomen ja englannin. Maassa vierailun kestoksi oli merkitty kolme kuukautta ja matka on tehty työnantajan komentamana. Tietojen mukaan Konrad oli menossa Brooklynissa asuvan herra Yrjö Lahden

[186] Rintamamies: Vapaussodan rintamamiesten liiton äänenkannattaja, 05.09.1930, nro 3, s. 1, https://digi.kansalliskirjasto.fi/aikakausi/binding/1366025?page=1, Kansalliskirjaston digitaaliset aineistot.
[187] Bab:1, Valtion pukutehtaan arkisto: Työntekijöiden luettelo (1924-1930).
[188] SKS, L. Muiden aineistot Kajava, Konrad. Viljo Kajavan arkisto. Konrad Kajavan matkakertomus Puolustusministeriön intendenttiosastolle, 11.7.1927.

luo. Mielenkiintoinen yksityiskohta on, että terveystietoihin lomakkeen vammoille ja epämuodostumille tarkoitettuun kohtaan oli merkitty ainoastaan "*Good.*"[189] Joko jalan haava ei ole juuri silloin vaivannut, tullut tarkastuksessa esiin tai sitä on pidetty niin vähäisenä, että merkintää ei ole tehty.

Käynti Yhdysvalloissa ei siis ollut mikään lomamatka valtion laskuun, vaan Konrad teki siellä konehankintoja ja perehtyi lisää tieteelliseen liikkeenjohtamiseen, Taylorismiin.[190] Lomamatka se ei ollut siinäkään mielessä, että Konradin oli ollut tarkoitus työllistyä Yhdysvalloissa vierailunsa ajaksi ja siten kustantaa siellä elämisensä. Tämä suunnitelma jäi kuitenkin toteutumatta. Matkakertomuksesta ei selviä miten elämisen kustannukset lopulta saatiin katettua.[191]

Konradin paluusta Suomeen en löytänyt dokumentteja. Hänen matkansa kestoksi oli tuloselvityksessä merkitty kolme kuukautta, joten

---

[189] Yhdysvaltojen maahantuloviranomaisen luettelo (1927), aineisto kirjoittajan hallussa.
[190] Kajava (1990) s. 56.
[191] SKS, L. Muiden aineistot Kajava, Konrad. Viljo Kajavan arkisto. Konrad Kajavan matkakertomus Puolustusministeriön intendenttiosastolle, 11.7.1927.

paluumatkan on täytynyt alkaa toukokuun lopulla.[192] Hänen kuusisivuinen matkakertomuksensa on kirjattu Hämeenlinnassa 11.7.1927, siis siihen mennessä hän oli palannut kotiin[193].

On todennäköistä, että työläisten tyytymättömyys syyskuussa 1927, johtui ainakin osittain juuri näiden Amerikan oppien eli "systeemin" - käyttöönotosta pukimolla[194]. On aikamoista ironiaa, että mikäli Konrad oli osaltaan "sortamassa" työläisiä "systeemillä" syyskuussa 1927, niin vain kolme vuotta siitä hänet häväistään kommunismisyytöksillä.

---

[192] Sjömanswännen -lehdessä 1.7.1927 on Yrjö Sundholm 21.4.1927 välittämä tervehdys Hull:sta Englannista. Siinä mainitaan Konrad Kajava Hämeenlinnasta. Koska tervehdyksessä ei ole mitään muuta tietoja, niin on mahdotonta tietää, liittyykö se Konradin meno- vai paluumatkaan. Vaikka päiväys on 21.4. on mahdollista, että Konradin tervehdys on jätetty Hull:iin jo helmikuussa menomatkalla. Joka tapauksessa matka Atlantin yli on käynyt Hull:n kautta jossakin vaiheessa. Sjömanswännen, 01.07.1927, nro 7-8, s. 28, https://digi.kansalliskirjasto.fi/aikakausi/binding/831440?page=28, Kansalliskirjaston digitaaliset aineistot.
[193] SKS, L. Muiden aineistot Kajava, Konrad. Viljo Kajavan arkisto. Konrad Kajavan matkakertomus Puolustusministeriön intendenttiosastolle, 11.7.1927.
[194] Vaatetustyöläinen: Suomen vaatetustyöntekijäin liiton äänenkannattaja, 01.10.1927, nro 3, s. 9, https://digi.kansalliskirjasto.fi/aikakausi/binding/948058?page=9, Kansalliskirjaston digitaaliset aineistot. Lehtijutussa kerrotaan seuraavasti: "*Mutta sen jälkeen kuin tehtaan teknillinen johtaja Amerikan-matkan jälkeen oli käynyt sovelluttamaan siellä oppimaansa ´systeemiä´ eivät työläiset enää sitä pistosta kestäneet*". Tapahtuma-ajan puolesta on hyvin todennäköistä, että teknisellä johtajalla tarkoitetaan tässä työjohtaja Konrad Kajavaa.

Edellä mainittujen syytösten jälkeen nimettömäksi jäänyt *Rintama-mies*-lehden kirjoittaja lisää vettä myllyyn - hänen tietojensa mukaan Konrad Kajava ei ole luopunut kommunistisesta ajatustavastaan. Li-säksi pukimolla olisi töissä Kajavan ohella ainakin kolme muuta pu-naista ja vieläpä niin, että Kajava oli näiden töihin ottamisesta vas-tuussa. Tämä kaikki olisi tapahtunut aikana, jolloin lukuisia valkoisia rintamamiehiä oli työttömänä. Lehden mukaan pelkkä asian tutkimi-nen ja vatkaaminen eivät riitä, vaan asianomaisten virastopäälliköi-den tulisi kiinnittää huomionsa tähän mätäpaiseeseen.[195]

Konradiin kohdistuneet kommunismisyytökset ovat voineet liittyä, tai ainakin saada lisäpontta myös siitä, että *Kommunisti*-lehdessä kir-joitti noihin aikoihin K. Kajava -niminen tai sitä nimeä käyttävä hen-kilö. Lehti oli Neuvostoliiton kommunistisen puolueen (NKP) Lenin-gradin ja Karjalan aluekomitean poliittistaloudellinen kuukausijul-kaisu, jonka toimituksen osoite oli Leningradissa. Elokuun alussa 1930, siis kuukausi ennen *Rintamamies*-lehden mustamaalausjuttua, K. Kajava kirjoitti *Kommunistissa* talonpoikaiskysymyksestä todeten mm.: "*Talonpoikaistosta tulee yhä taajemmin ´meidän talonpoiki-amme, josta Engels kirjoitti*".[196] Tällainen on varmasti ollut omiaan samaan valkoiset rintamamiehet näkemään punaista, jos siis K. Kaja-van kirjoitus päätyi heidän luettavakseen. K. tai Kalle Kajava on sala-

---

[195] Rintamamies: Vapaussodan rintamamiesten liiton äänenkannattaja, 05.09.1930, nro 3, s. 1, https://digi.kansalliskirjasto.fi/aikakausi/bin-ding/1366025?page=1, Kansalliskirjaston digitaaliset aineistot.
[196] Kommunisti: kommunistinen aikakauslehti, 01.08.1930, nro 8, s. 41, https://digi.kansalliskirjasto.fi/aikakausi/binding/1356332?page=41, Kan-salliskirjaston digitaaliset aineistot.

nimi, jota käytti Suomen kommunistisen puolueen (SKP) nuorisoliittolainen Kaarlo Kosunen.[197] On siis todennäköistä, että *Kommunistiin* kirjoittanut henkilö on juuri Kosunen. Tiedossani ei ole, sekoittivatko *Rintamamies*-lehden lähteet Kosusen ja Konradin. Ja jos sekoittivat, oliko kyseessä vahinko vai yhdistettiinkö nimet sopivasti punaisen työjohtajan painostamiseksi.


14.9.1930 mennessä niin *Uusi Suomi, Uusimaa, Etelä-Savo, Haminan Lehti, Sisä-Suomi, Satakunnan Kansa* kuin *Uusi Aurakin* olivat julkaisseet pikku-uutisen Konradin taustasta punakaartilaisena ja asemasta Armeijan Pukimossa *Rintamamies*-lehden juttuun viitaten. Mustamaalaaminen sai siten valtakunnallisen luonteen. Näissä referaateissa tuotiin esiin Konradin osallistuminen taistelutoimintaan, hänen saamansa kuritushuonetuomio ja se, että pukimossa työskentelisi muitakin punaisia. Lisäksi kerrottiin, että pukimoa olisi jo aiemmin vaadittu erottamaan nämä.[198]

---

[197] Parkkari, Nestori: Nuoret taistelun tiellä - Suomen vallankumouksellinen nuorisoliike 1900–1944, Kansankulttuuri Oy Helsinki, Kuopio 1970 Kustannusosakeyhtiö Savon Sana. Verkossa: https://www.marxists.org/suomi/parkkari-nestori/1970/nuoret-taistelun-tiella/ch03.htm, viitattu 1.3.2021.

[198] Uusi Aura, 14.09.1930, nro 248, s. 7, https://digi.kansalliskirjasto.fi/sanomalehti/binding/1938068?page=7, Kansalliskirjaston digitaaliset aineistot. Uusi Suomi, 09.09.1930, nro 242, s. 2, https://digi.kansalliskirjasto.fi/sanomalehti/binding/1806548?page=2, Kansalliskirjaston digitaaliset aineistot. Uusimaa, 10.09.1930, nro 103, s. 3, https://digi.kansalliskirjasto.fi/sanomalehti/binding/1939825?page=3, Kansalliskirjaston digitaaliset aineistot. Etelä-Savo, 11.09.1930, nro 101, s. 1, https://digi.kansalliskirjasto.fi/sanomalehti/binding/1816172?page=1, Kansalliskirjaston digitaaliset aineistot. Haminan Lehti, 11.09.1930, nro 102, s. 3, https://digi.kansal

Ainoan julkisen puolustuspuheen Konradille ja hänen kraataritovereilleen tarjosi Kyminlaakson sosialidemokraattisen työväen ja pienviljelijän äänenkannattaja *Eteenpäin*-lehti. Se viittasi 24.9.1930 *Rintamamiehen* mustamaalausuutiseen kyseenalaistaen sen taustalla olevan ajattelun. Nimimerkki VeeTee muistuttaa hieman hiertehisen huumorinkin kautta, että jos kaikki punaista taustaa omaavat räätälit laitetaan virattomiksi, saa porvarikin pian kulkea rääsyissä ja avojaloin. Piikitteleepä kirjoittaja itse Kustu Mannerheiminkin ulkomuodostaan päätellen käyttäneen kraatarin palveluita.[199]

Enemmän kuin varsinaisena Konrad Kajavan puolustuspuheena pitää VeeTee:n kirjoitus kuitenkin nähdä lähestyviin vaaleihin liittyvänä omien joukkojen muistutteluna siitä, miten tärkeää on äänestää. Vieläpä äänestää oikein: *"Sosialidemokraattien vaalivoitto on vähän tietoa sinne päin, että työläisellekin tulee asiaa kraatarin luokse puvun mitalle. Mutta jos porvarit näissä vaaleissa meitä köniin antavat, kuten ovat uhkailleet, niin silloin sitä on vedettävä housuihin edelleenkin paikka paikan päälle".[200]

---

liskirjasto.fi/sanomalehti/binding/1823853?page=3, Kansalliskirjaston digitaaliset aineistot. Sisä-Suomi, 11.09.1930, nro 206, s. 4, https://digi.kansalliskirjasto.fi/sanomalehti/binding/1915139?page=4, Kansalliskirjaston digitaaliset aineistot. Satakunnan Kansa, 12.09.1930, nro 209, s. 4, https://digi.kansalliskirjasto.fi/sanomalehti/binding/1901884?page=4, Kansalliskirjaston digitaaliset aineistot.

[199] Eteenpäin, 24.09.1930, nro 109, s. 3, https://digi.kansalliskirjasto.fi/sanomalehti/binding/1814016?page=3, Kansalliskirjaston digitaaliset aineistot.

[200] Eteenpäin, 24.09.1930, nro 109, s. 3-4, https://digi.kansalliskirjasto.fi/sanomalehti/binding/1814016?page=3, Kansalliskirjaston digitaaliset aineistot.

Konradiin kohdistunut painostus liittynee Armeijan pukimolla syys-kuun alussa 1930 alkaneeseen kuohuntaan. Heti kuun alussa erotet-tiin tehtaalta seitsemän naistyötekijää ja yksi mestari äkkiarvaa-matta. Työtekijöille ilmoitettiin määräyksen tähän tulleen ylemmiltä viranomaisilta. Huhujen mukaan pukimolla olisi edellisenä kesänä pi-detty jonkinlaisia kuulusteluja, joissa mukana olisi ollut etsivän kes-kuspoliisikin väkeä. Työväenlehdistö leimasi erottamiset poliittiseksi vainoksi, ihmetellen kuitenkin samalla sitä, että osa erotetuista ei ol-lut mitenkään ollut mukana työväestön toiminnassa. *Hämeen Kansa* arvioi taustalla olevan toisten työläisten ilkeämieliset kantelut.[201] *Suomen Sosialidemokraatti* sen sijaan kertoi, että Puolustuslaitoksen intendenttiosaston päällikön mukaan erotetut olivat sopimattomia valtion työhön. Lehti olettaakin, että mitään muuta syytä erottami-seen ei ole kuin se, että kyseiset työläiset eivät ole ottaneet osaa la-pualaisuuteen.[202]


Arkistotiedot vahvistavat 1.9.1930 Armeijan pukimolta työstä eron-neiksi seuraavat henkilöt[203]:

- Vilho Suhonen, työnjohtaja
- Iida Alina Nieminen, leikkaamotyöntekijä

---


[201] Hämeen Kansa, 04.09.1930, nro 166, s. 2, https://digi.kansalliskir-jasto.fi/sanomalehti/binding/1820557?page=2, Kansalliskirjaston digitaali-set aineistot. Hämeen kansan mukaan erotettuja seitsemän naista ja yksi mies, sen sijaan samalla päivämäärällä ilmestynyt Suomen Sosialidemo-kraatti mainitsee erotetun seitsemän työtekijää.

[202] Suomen Sosialidemokraatti, 04.09.1930, nro 238, s. 4, https://digi.kan-salliskirjasto.fi/sanomalehti/binding/1314362?page=4, Kansalliskirjaston digitaaliset aineistot.

[203] Bab:1, Valtion pukutehtaan arkisto: Työntekijöiden luettelo (1924-1930).

- Hanna Perttunen
- Anni Aliina Savinen, koneneuloja
- Helmi Mari Ekholm, koneneuloja
- Sanni Sofia Siivonen, leikkaamotyöntekijä
- Bertta Aleksandra Oivamäki, koneneuloja
- Vieno Saarinen

Erotettujen määrä vastaa siten *Hämeen Kansassa* uutisoitua. Kenelläkään ei luettelossa ole mainittu eron syytä. Tietynlaisena yllätyksenä samasta luettelosta käy ilmi, että Konrad on eronnut työstä heti seuraavana päivänä eli 2.9.1930. Tämä tarkoittaa, että hänet on siirretty syrjään tai hän on itse siirtynyt syrjään jo neljä päivää ennen *Rintamamies*-lehden herjausartikkelia. Samalla tehdas on ilmeisesti joutunut työnjohtajattomaan tilaan; vuonna 1930 pukimolla oli töissä kaksi työjohtajaa, jotka molemmat siis olivat joutuneet pois työstään syyskuun alussa[204].

Viimeisen kerran Konrad oli nimenä julkisuudessa tämän asian tiimoilta 26.9.1930. *Rintamamies* palasi aikaisempaan uutiseensa kertoen nyt, kuinka Armeijan Pukimon ja Kajavan välit ovat edelleen lämpimät. Hänen todetaan tulleen siirretyksi toiseen tehtävää, mutta tätä pidettiin vain yrityksenä tyynnyttää syntynyt häly. Samalla lehti syytti Konradia kiristyksestä - hänen väitettiin uhkailleen 'korkeampia herroja' paljastuksilla, jos tulisi erotetuksi tehtävästään. Uutinen päättyi virkkeeseen, joka ehkä kuvaa sen kirjoittajan ihmiskäsitystä:

---

[204] T-28404/Hab:2-He:1 Valtion pukutehtaan arkisto: Tilastoja-niminen vihko kansiossa Vuosityöntekijätilastot 1923-1955.

*"Tällaiset 'Kajavat' ovat mielestämme siksi vaarallisia pideltäviä, että niistä on päästävä riittävän ajoissa".*[205]

*Suomen Sosialidemokraatti* jatkoi vielä erotettujen asian parissa kertomalla 10.10.1930 Työläisliiton liittotoimikunnan Puolustusministeriölle lähettämästä kirjelmästä. Tässä kirjelmässä mainittiin päivämäärällä 1.9.1930 potkut saaneina *"seitsemän mainitulla pukimolla työskentelevää neitosta ja kaksi mestaria".*[206] Vaikka työntekijäluettelon mukaan Konradin eroamispäivä oli 2.9.1930, täytyy lehden tarkoittamien mestareiden olla hän ja edellä mainittu Vilho Suhonen.

Lehti oli jutussa kerrotun mukaan ollut yhteydessä ensin Puolustusministeriön intendenttiosastoon, jonka päällikkö, tuolloin jääkärieversti Verner Gustafsson[207] oli vahvistanut, että erottamismääräys on annettu, mutta ei ole kertonut sen syytä. Tämän jälkeen *Sosialidemokraatti* kertoi toimituksen kääntyneen puolustusministerin puo-

---

[205] Rintamamies: Vapaussodan rintamamiesten liiton äänenkannattaja, 26.09.1930, nro 4, s. 3, https://digi.kansalliskirjasto.fi/aikakausi/binding/1366026?page=3, Kansalliskirjaston digitaaliset aineistot.
[206] Suomen Sosialidemokraatti, 10.10.1930, nro 274, s. 5, https://digi.kansalliskirjasto.fi/sanomalehti/binding/1314398?page=5, Kansalliskirjaston digitaaliset aineistot.
[207] Sotatieteen Laitoksen Julkaisuja XIV, Suomen jääkärien elämäkerrasto 1975, Vaasa 1975. s. 131-132.

leen ja saaneen tältä tiedon, että erottaminen olisi tapahtunut pukimon johtajan esityksestä. Perusteena erottamiselle oli kerrottu, että kyseiset työläiset ovat kommunisteja.[208]

Pukimon johtajana toimi tuossa vaiheessa Toivo Lipponen[209]. *Suomen Sosialidemokraatti* kertoi, että Lipposen mukaan Etsivä Keskuspoliisi olisi kuulustellut nyt erotettuja työläisiä edellisenä kesänä. Poliisille tehtyihin tiedusteluihin kuitenkin vastattiin, ettei tällaisia kuulusteluja ole tehty. Lehti oli saanut toisen käden tietona pukimon johtajan vastauksen erään erotetun työtekijän äidin tiedusteluun tyttärensä erottamisen syystä. Johtajan vastauksen mukaan työntekijät erotettiin, koska he olivat kommunisteja tai ovat kuuluneet kommunistiseen ammattiosastoon.[210] Johtaja Lipponen menehtyi alle puoli

---

[208] Suomen Sosialidemokraatti, 10.10.1930, nro 274, s. 5, https://digi.kansalliskirjasto.fi/sanomalehti/binding/1314398?page=5, Kansalliskirjaston digitaaliset aineistot.

[209] Salanto, Yrjö: Valtion Pukutehdas 1922-1972. Offset-kolmio, Hämeenlinna 1972, s. 12 ja T-28404/Hab:2-He:1 Valtion pukutehtaan arkisto: Tilastoja-niminen vihko kansiossa Vuosityöntekijätilastot 1923-1955. Salannon mukaan Lipponen oli johtajana 1925-1931, mutta Tilastoja-vihossa Lipposen kohdalla ruudukossa merkintä 1.1.28 ja seuraajan kohdalla 15.3.31, jolloin Lipposen kauden voisi päätellä olleen tuo. Kuitenkin Lipposen kuolinilmoitus Sotilashallinnon aikakauslehdessä kertoo hänen tulleen määrätyksi Pukimon johtajaksi vuonna 1926, Sotilashallinnollinen aikakauslehti, 01.01.1931, nro 1-2, s. 61, https://digi.kansalliskirjasto.fi/aikakausi/binding/1105120?page=61, Kansalliskirjaston digitaaliset aineistot. Ilmeisesti oikein on tuo alkuvuosi 1926.

[210] Suomen Sosialidemokraatti, 10.10.1930, nro 274, s. 5, https://digi.kansalliskirjasto.fi/sanomalehti/binding/1314398?page=5, Kansalliskirjaston digitaaliset aineistot.

vuotta näistä tapahtumista. Hän sai sydänkohtauksen 9.2.1931 ja kuoli vain 47-vuotiaana.[211]

Puolustusministeriölle lähetetty kirjelmä repi varsin selkeästi riekaleiksi esitetyt kommunismisyytökset. Toki kirjelmä keskittyi niihin kolmeen erotetuista naisista, jotka kuuluivat Työläisliiton alaiseen ammattiosastoon. Lopputulemana kirjelmässä arvioitiin, että erotetut henkilöt olivat joutuneet ilkeämielisen ilmiannon uhreiksi, *"jollaisia viime aikoina on valitettavan usein esiintynyt"*. Suomen Työläisliitto ry päätti yhteydenottonsa ministeriöön pyynnöllä ottaa erotetut takaisin entisiin tehtäviinsä Armeijan Pukimolla.[212]

Tähän ainakin lehdistössä käyty polemiikki päättyy. Mitä tapahtui? Mikä lopetti kirjoittelun? Kuinka erotettujen kävi - saivatko he työnsä takaisin? Näihin kysymyksiin käyttämäni lähteet eivät antaneet kunnollista vastausta. Jotain voidaan kuitenkin päätellä *Suomen Sosialidemokraatin* uutisoinnista seuraavana kesänä liittyen Armeijan Pukimon siirtoon Riihimäelle. Uutinen kuvasi pukimon työläisiä kuulustellun näiden toiminnasta vuoden 1918 aikana. Lehden mukaan kuulus-

[211] Sotilashallinnollinen aikakauslehti, 01.01.1931, nro 1-2, s. 61, https://digi.kansalliskirjasto.fi/aikakausi/binding/1105120?page=61, Kansalliskirjaston digitaaliset aineistot.
[212] Suomen Sosialidemokraatti, 10.10.1930, nro 274, s. 5, https://digi.kansalliskirjasto.fi/sanomalehti/binding/1314398?page=5, Kansalliskirjaston digitaaliset aineistot.

telut olivat johtaneet siihen, että vain noin 20 pukimon 65:stä työntekijästä oli hyväksytty jatkamaan työtään Riihimäellä.[213] Jos tämä tieto pitää paikkansa, voidaan hyvällä syyllä olettaa, että jo aiemmin kommunisteina erotettuja työläisiä on tuskin otettu takaisin.

Konradin kohtalo osana tätä myllerrystä herättää ihmetystä. Jos hänet erotettiin muiden mukana syyskuun 1930 alussa, niin miksi *Rintamamies*-lehden häväistyskirjoitus julkaistiin vain muutamaa päivää myöhemmin? Kenties pyörät oli jo laitettu sellaiseen liikkeeseen, että niitä ei saatu pysäytettyä. Mahdollisesti niitä ei edes haluttu pysäyttää, vaan lyötyä lyötiin vielä tällä tavoin. Muiden erotettujen osalle ei tällaista kohtelua tullut. Heitä ei julkisesti parjattu. Oliko Konradin punaisen rintamamiehen tausta niin painava seikka, että hänet haluttiin sen takia kerta kaikkiaan painaa maan rakoon? Jos Konrad erotettiin jo syyskuun alussa, niin miksi *Rintamies*-lehti kirjoitti vielä 26.9.1930, että hänet on siirretty toiseen tehtävää ja välit pukimon kanssa ovat edelleen lämpimät?

Viljo Kajavan muistelmien mukaan Konrad sai vuonna 1931 paikan puolustusministeriön vaatetusvarikolta tarkastajana.[214] Tarkkaa päivämäärää tuossa tehtävässä aloittamiselle en löytänyt, mutta Puolustusministeriön Konradille vuonna 1933 antamassa työtodistuksessa hänen kerrotaan työskennelleen vaatetusvarikolla  syyskuusta 1930

---

[213] Suomen Sosialidemokraatti, 11.06.1931, nro 155, s. 4, https://digi.kansalliskirjasto.fi/sanomalehti/binding/1314632?page=4, Kansalliskirjaston digitaaliset aineistot.
[214] Kajava (1990) s.56.

lähtien. Viljo Kajava lienee muistanut tapahtuma-ajan väärin ja siirtyminen pukimolta varikolle on tapahtunut hyvin pian erottamisen jälkeen. Tämä sopii edellä mainittuun *Rintamies*-lehden käsitykseen edelleen lämpimistä väleistä. Samoin kuin se, että perhe pysyi Hämeenlinnassa, eikä palannut heti Tampereelle. Viimeksi mainittuun vaikutti varmasti myös Viljo Kajavan koulunkäynti - ylioppilaskirjoitukset lähestyivät.


Mikä tai kuka pelasti Konradin pinteestä niin, että häväistylle miehelle löytyi uusi työpaikka puolustushallinnosta. Ensimmäinen ehdokas tuoksi suojelusenkeliksi on majuri Kosti Saurio. Saurio, tuolloin vielä luutnantti, oli Armeijan Pukimon ensimmäinen varsinainen johtaja vuosina 1924-1925. Tuosta tehtävästä Saurio siirtyi Puolustusministeriön intendenttiosaston vaatetustoimiston päälliköksi ja hänen tilalleen pukimon johtajaksi tuli edellä mainittu Toivo Lipponen. Saurion aikana pukimo kehittyi ja laajeni huomattavasti.[215] Tuota kehittämistä on suurella todennäköisyydellä tehty Konradin mukanaan tuomalla osaamisella koneellisesta vaatetuotannosta. Koska Saurion nimi löytyy Konradille Yhdysvaltoihin lähetetystä, vuoden 1927 matkaan liittyvästä suosittelukirjeestä[216], on hän varmasti tuntenut Konradin. Saurion asema intendenttiosastolla on luultavasti mahdollistanut tällaisen pelastusrenkaan heittämisen tutulle ammattimiehelle. Viljo Kajava muistelee upseerien olleen kauhean pahoillaan siitä, että

---


[215] Hämeen Sanomat, 30.08.1931, nro 198, s. 2, https://digi.kansalliskirjasto.fi/sanomalehti/binding/1822401?page=2, Kansalliskirjaston digitaaliset aineistot.
[216] SKS, L. Muiden aineistot Kajava, Konrad. Viljo Kajavan arkisto. K. Saurion kirje Konrad Kajavalle Yhdysvaltoihin 5.5.1927.

Konrad erotettiin Pukimon palveluksesta[217]. Tuossa vaiheessa Pukimolla ei kuitenkaan ollut töissä upseereita, joten noiden pahoillaan olijoiden on täytynyt olla muissa organisaatiossa ja Saurio sopisi profiiliin varsin hyvin.

Toinen mahdollinen tukija oli jo edellä mainittu Puolustusministeriön intendenttiosaston päällikkö jääkärieversti Verner Gustafsson. Tämä jääkäriupseeri oli toiminut ennen osastopäällikön tehtäväänsä Puolustusministeriön vaatetusosaston päällikkönä.[218] Gustafsson oli allekirjoittajana kirjeessä, jolla Konradille ilmoitettiin hänen valinnastaan Armeijan Pukimolle.[219] Lisäksi Gustafsson kirjoitti Konradille todistuksen, jonka tämä tarvitsi saadakseen passin Yhdysvaltojen matkaansa varten[220]. Hän on epäilemättä tuntenut Konradin, luottanut tämän ammattitaitoon ja saattanut tukea tätä hankalalla hetkellä. Gustafsson on mitä luultavimmin ollut itse valitsemassa Konradia tehtävään pukimolla. Gustafssonin osallisuutta vaikuttaisi tukevan myös Viljo Kajavan osin omaelämäkerrallisen romaanin *Muistatko vielä Paulin?* kohtaus, jossa kirjailijan alter egon Paulin isä ja äiti keskustelevat tilanteesta isän työpaikalla.

Romaanissa Viljo Kajava käsittelee tuon alter egon kautta perheensä aikaa Hämeenlinnassa. Kirjan tapahtumat sijoittuvat pääosin kirjan

---

[217] Kajava (1990) s. 63.
[218] Sotatieteen Laitoksen Julkaisuja XIV, Suomen jääkärien elämäkerrasto 1975, Vaasa 1975. s. 131-132.
[219] SKS, L. Muiden aineistot Kajava, Konrad. Viljo Kajavan arkisto. Puolustusministeriön intendenttiosaston kirje Konrad Kajavalle 22.10.1923.
[220] SKS, L. Muiden aineistot Kajava, Konrad. Viljo Kajavan arkisto. Todistus Konrad Kajavalle ulkomaanpassin saamista varten, 22.1.1927.

päähenkilön toukokuun lopussa 1931 olevia ylioppilasjuhlia edeltävään aikaan.[221] Romaanissa esiintyy juopotteleva tehtaan konttoristi Tiihonen, joka kieroilee Paulin isän selän takana tämän työpaikalla pukutehtaalla sekä kyseisen tehtaan johtaja, joka kuuluu samaan "Karhukerhoon" Tiihosen kanssa.

Kuva: Lapuanliikkeen tunnus. Karhukerho viitannee suoraan tähän tunnukseen.

Romaanissa isän ja äidin keskustelu käydään illalla kotona isän työpäivän jälkeen. Karhukerholaiset ovat päivän aikana kiusanneet isää konttorilla ja koettaneet saada hänet menettämään malttinsa. Hän lukee lehteä ja jutustelee:

---

[221] Kajava, Viljo: Muistatko vielä Paulin?. Otava, Helsinki 1943, s.142 vrt. Hämeen Sanomat, 20.05.1931, nro 113, s. 2, https://digi.kansalliskirjasto.fi/sanomalehti/binding/1822248?page=2, Kansalliskirjaston digitaaliset aineistot: Ilmoitus Viljo Kajavan hyväksytystä ylioppilaskirjoituksesta.

*"Nyt se eversti Helenius näyttää lähtevän opintomatkalle Italiaan, hän hetken perästä sanoo, -se on ainoa mies, joka Helsingissä on koettanut minua puolustaa, vaikka on itse valkoinen rintamamies ja jääkäri...mutta eivät ne, jotka sodassa olivat, tällaista hyväksykään...sota on käyty eikä sitä iankaikkisesti käydä".*[222]

Verner Gustafsson oli sisällissodan rintamamies, joka taisteli Tampereen ja Viipurin valtauksissa. Hän teki virkauransa aikana useita opintomatkoja ulkomaille, vaikkakaan ei ilmeisesti Italiaan. Mikä tärkeintä, virka-asemansa takia hänellä on ollut mahdollisuus vaikuttaa Konradin siirtymiseen tehtaalta tarkastajaksi.[223]On tietysti täysin mahdollista, että romaanin Helenius on synteesi useammasta henkilöstä - kenties Sauriosta ja Gustafssonista.

Tämän luvun alussa mainittu kuvaus juopottelevan IKL:n jäsenen kantelusta ei sovi mitenkään lehtikirjoittelun ja muun käytettävissä olevan lähteistön aikajanaan. Isänmaallinen kansanliike perustettiin 5.6.1932, lähes kaksi vuotta *Rintamamies*-lehden kirjoittelun jälkeen. Paremmin uutisoinnin kanssa ajoittuu Viljo Kajavan muistelmien toteamus siitä, että Lapuanliike oli niin voimakas, että sai painostettua pukimon erottamaan Konradin. Toden totta - Lapuanliike oli voimansa huipussa heinäkuussa 1930 järjestetyn talonpoikaismarssin jälkeen. Siten runoilijan muistelmien toimitetun osuuden maininta siitä, että painostus ja punakaartitaustan julkaisu olisi tapahtunut 1933, ei voi pitää paikkaansa. Kuten todettu Hämeen Sanomissa ei

---

[222] Kajava (1943) s. 117-118.
[223] Sotatieteen Laitoksen Julkaisuja XIV, Suomen jääkärien elämäkerrasto 1975, Vaasa 1975. s. 131-132.

esiintynyt mitään Konradia mustamaalaavaa kirjoittelua enää vuonna 1933.[224] *Vieläkö muistat Paulin?* -romaanissa Viljo Kajava viittaa tuohon Lapuanliikkeen voimaan: *"Sanoi suoraan, ettei hän (Helenius, kirjoittajan lisäys) uskalla, nyt on se aika taas. Minä en uskalla, hän sanoi ja pisti käden tuohon olkapäälle..."[225]*. Näin Viljo Kajava kuvaa Heleniuksen pahoitteluja Paulin isälle siitä, että hän ei kykene vastustamaan tämän painostajia.

Koska Konradin nimi häviää syksyn 1930 jälkeen julkisuudesta, oletan, että siirtämällä työjohtaja toiseen tehtävään, saatiin pahin häly vaimenemaan ja sitten kokonaan hiljenemään. Ilmeisesti tilanne rauhoittui myös sen takia, että pukimo muutti kevään 1931 aikana Riihimäelle ja Konradin painostajat sen mukana. Lopulta Konradillekin varmaan sopi tuossa tilanteessa jättää perhe paikalleen Hämeenlinnaan, varsinkin kun pukutehdas muutti samaan rakennukseen Suojeluskuntain Ase- ja Konepaja Oy:n (SAKO) kanssa. Punainen tausta ei ehkä olisi ollut siinäkään ympäristössä varsinainen meriitti.

Seuraavat pari vuotta vaikuttavat olleen rauhallisia. Perheen paluuseen Tampereelle ei lopulta vaikuta liittyvän mitään erityistä drama-

---

[224] Kajava (1990) vrt. s. 56 ja 63 sekä vrt. Saviniemi (2011) s. 19. Lisäksi kävin läpi Hämeen Sanomien koko 1933 vuosikerran löytämättä yhtään Konrad Kajavaan mitenkään viittaavaa kirjoitusta. Huomioitavaa tässä on, että IKL perustettiin Hämeenlinnassa ja Hämeen Sanomat uutisoi 1933 käytännössä päivittäin jotain liikkeeseen liittyvää ja otti hyvin voimakkaasti kantaa mm. punaisten myötäilijäksi katsomaansa maaherra Mattsonia vastaan.
[225] Kajava (1943) s. 118-119.

tiikkaa. Puolustusministeriöltä saadun ja Verner Gustafssonin allekirjoittaman työtodistuksen mukaan Konradin vaatetusvarikossa hoitama tarkastajan tehtävä lakkautettiin tarpeettomana kesällä 1933. Arvio Konradin ammattitaidosta ja persoonasta on kiittävä, jopa erinomainen. Häntä suositellaan *"pystyvänä alansa ammattimiehenä"*.[226]

Ilmoitus perheen muutosta takaisin Tampereelle julkaistiin *Hämeen sanomissa* 3.6.1934.[227] Viljo Kajava oli lähtenyt kotoa jo aiemmin, hänen muuttoilmoituksensa Hämeenlinnasta Helsinkiin oli ollut samaisessa lehdessä 15.10.1933.[228] Mihinpä muualle Konrad Tampereella päätyikään töihin kuin Kuloveden räätäliliikkeeseen - jälleen kerran. Vuonna 1937 hän siirtyi vielä työjohtajaksi Tampereen pukutehtaan housuosastolle.[229]

Haavoittunut jalka ei koskaan kunnolla parantunut ja sen hoitaminen oli joka-aamuinen ja -iltainen toimenpide ainakin Konradin vanhemmalla iällä. Siteet otettiin pois ja Martta-vaimo puhdisti haavan, joka eritti paljon keltaista märkää. Likaantuneet siteet ja taitokset keitettiin puuliedellä vaaleankeltaisessa emalivadissa ja ripustettiin kuivumaan. Vasemmassa sääressä noin nilkan ja polven puolivälissä oleva

---

[226] SKS. Viljo Kajavan arkisto, L. Muiden aineistot Kajava, Konrad. Konrad Kajavan työtodistus Puolustusministeriöstä, 14.6.1933.
[227] Hämeen Sanomat, 03.06.1934, nro 124, s. 4, https://digi.kansalliskirjasto.fi/sanomalehti/binding/1823147?page=4, Kansalliskirjaston digitaaliset aineistot.
[228] Hämeen Sanomat, 15.10.1933, nro 238, s. 4, https://digi.kansalliskirjasto.fi/sanomalehti/binding/1822995?page=4, Kansalliskirjaston digitaaliset aineistot.
[229] Kajava (1990) s. 56.

haava oli pienehkö ja pyöreä kuin luodinreikä. Iho sen ympärillä oli todella ohutta, sinistä ja kiiltävää, kuin luu olisi ollut heti siinä ohuen ihon alla.[230]

Ainakin Konradin vanhemmalla iällä jalka oli ajoittain erittäin kipeä ja sai hänet puhisemaan ja voivottelemaan tuskaisena. Tyttärenpojat muistavat isoisän olleen välillä aika kärttyisä - haava vaivasi häntä kuolemaan saakka. Hän tapasi laulaa ja kertoa hauskoja tarinoita lapsenlapsilleen silloin, kun ei kärsinyt kivuista. [231]

Konradin kivut päättyivät lopulta 2.9.1959. Hän eli lopulta yli 41 vuotta märkivän jalkavammansa kanssa. Hänet on haudattu Kalevankankaan hautausmaalle Tampereelle.

---

[230] Pietilä (os. Kajava), Maija. Puhelimessa kirjoittajalle 19.3.2021. Muistiinpanot kirjoittajan hallussa.
[231] Kajava (1990) s. 60 ja Konrad Kajavan tyttärenpojat: muistitieto kirjoittajalle sähköpostilla 29.12.2020 sekä Maija Pietilä puhelimessa 19.3.2021.

# LOPUKSI

Millaisia Tampereen runoja me lukisimme ilman niitä turkulaisia tovereita, jotka raahasivat haavoittuneen räätälin rekeen? Millaisia runoja ilman Hatanpään ja Johanneksen koulun sairaaloiden lääkäreitä, jotka eivät katsoneet haavoittuneen väriä? Tai millaisia runoja lukisimme, jos pohjalainen vartija ei olisikaan kääntänyt selkäänsä ruokapaketteja tuoville lapsille?

Olisiko perheen lapsilla ollut mahdollisuutta opiskella, jos isä olisi menehtynyt sodan melskeissä? Voi olla, että Viljo Kajavan ura runoilijana olisi ollut hyvin erilainen kuin se, millainen siitä muodostui. Tai voi olla, että sitä uraa ei olisi koskaan tullutkaan.

Itselleni oli suuri yllätys, että Viljo Kajavasta ei ole kirjoitettu elämäkertaa hänen kuolemansa jälkeen. Kajavan muistelmien ilmestymisestä on jo yli 30 vuotta ja mielestäni hänen pitkä uransa sekä tietysti siihen liittyvä tuotanto ansaitsisivat osaavan tutkijan tarkastelun. Suomalaisen kirjallisuuden seuran arkiston laaja aineisto tarjoaisi siihen erinomaisen mahdollisuuden.

Toinen yllätys oli Konradiin vuonna 1930 kohdistuneen painostuksen laajuus ja raakuus. Nykyään tuollaista toimintaa kutsuttaisiin kai "maalittamiseksi".

Uskoakseni onnistuin löytämään *Tampereen runojen* isän todellisen sotapolun ja runojen yhtymäkohdat ja erot. Pystyin esittämään uskottavat selitykset tai uskottavia vaihtoehtoja sille, mitä missäkin vaiheessa on tapahtunut. Vaikka se ei varsinaisesti ollut tarkoitukseni, löysin myös eroja Viljo Kajavan muistelmien, suvussani eläneiden kertomusten ja historiallisista lähteistä löytyvien todisteiden välillä. Vaikka kirjani käsittelee vain yhden ihmisen sisällissotaa ja sen seurauksia, kuvaa se kuitenkin tuon yksilön osana suurempaa kokonaisuutta.

Viljo Kajavan muistelmien mukaan Konrad ei koskaan katkeroitunut sisällissodan tapahtumista. Yksi hänen veljistään taisteli valkoisten puolella ja kenties Konrad siksi ymmärsi, ettei toinen puoli ole sen pahempi kuin hän itsekään.[232] Hän antoi hyväksyntänsä tytär Helenan avioliitolle, vaikka tämän sulhanen oli palavasieluisen valkoisen poika ja Akateemisen Karjala-Seuran jäsen itsekin.

Samanlaisessa ymmärryksen ja hyväksynnän hengessä haluan päättää tämän kirjan lainaukseen *Tampereen runojen* viimeisestä osasta, joka on otsikoitu: *Eteenpäin.*

> *"Unessani kierrän piikkilankaa kerälle*
>
> *revin sen lihastani irti*
>
> *irrotan sen aivojeni kudoksesta.*

---

[232] Kajava (1990) s. 60.

*Kierrän piikkilankaa kerälle*

*ja kun se vihdoin on kerällä*

*heitän sen ulkoisimpaan pimeyteen*

*ja vähitellen*

*niin kuin varhainen kukka maasta*

*puhkeaa huulteni välistä riemulaulu."*[233]

---

[233] Kajava (1966) s. 131.

# LÄHDELUETTELO

## 1. Arkistolähteet

Kansallisarkisto (KA):

Hämeen sotilaspiirin päällikön arkisto, mappi 35, luettelo Hatanpään I väliaikaisessa sairaalassa olleista potilaista.

Bab:1, Valtion pukutehtaan arkisto: Työntekijöiden luettelo (1924-1930).

Sotavankilaitoksen arkisto, Vankikortisto, Aakkosellinen vankikortisto (Bb:15, kortti X 7132).

T-28404/Hab:2-He:1 Valtion pukutehtaan arkisto: Tilastoja-niminen vihko kansiossa Vuosityöntekijätilastot 1923-1955.

Tampereen II väliaikainen sairaala - Johanneksen koulun sairaalan päiväkirja 1918.

Valtiorikosoikeuden akti XIX/679 - Johansson, Aarno Armas.

Valtiorikosoikeuden akti IX/443 - Johansson, Kaarl Artur.

Valtiorikosoikeuden akti IX/470 - Johansson, Kaarl Artur.

Valtiorikosoikeuden akti XXVII/431 - Johansson, Karl Aleksander.

Valtiorikosoikeuden akti VI/446 - Johansson, Karl Artur Henrik.

Valtiorikosoikeuden akti XXIV/300 - Johansson, Karl August.

Valtiorikosoikeuden akti III/520 - Johansson, Kuno Alfons.

Valtiorikosoikeuden akti XX/317 - Kajava, Konrad Johannes.

Valtiorikosoikeuden akti VI/895 - Lehtimäki, Konrad Vilhelm.

Valtiorikosoikeuden akti XXI/641 - Mäntynen, Bertil Nikolai.

Valtiorikosylioikeuden akti 7939 - Spännäri, Vihtori.

VROSyA, Aå-sarja, Helsinki n:o 617: Punakaartin lääkintähuoltoon kuuluneen helsinkiläisen hoitajan päiväkirja.


Suomalaisen Kirjallisuuden Seuran arkisto (SKS):

Viljo Kajavan arkisto, L. Muiden aineistot Kajava, Konrad. Aineistot: Konrad Kajavan muistelmia. s.s. 7 liuskaa. AB 2579; Asiakirjoja 14 kpl ja lehtileike; Muistelmien kopiot. 7 liuskaa. Kotelo 2.

2. Julkaistut lähteet

Aamulehti. Kuusela, Martti: Punaisten panssarijuna kylvi kuolemaa Oriveden asemalla, 16.3.2018.

Aamulehti. Kurki, Minna: Sata vuotta sitten: Hatanpään mielisairaalassa kuohui – hoitaja potilaan sängyssä peitto korvissa, 27.6.2017.

Aalto, Seppo: Kapina tehtailla - Kuusankoski 1918. Kustannusosakeyhtiö Siltala, Helsinki 2018.

Aunesluoma, Juhana ja Häikiö, Martti (toim.) Suomen Vapaussota 1918 - Kartasto ja tutkimusopas, Werner Söderström Oy, Porvoo 1996.

Donner, Kai, Svedlin, TH ja Nurmio, Heikki: Suomen Vapaussota IV. Jyväskylä 1924.

Hoppu, Tuomas ja julkaisuryhmä: Tampere 1918. Tampereen museoiden julkaisuja 130. Tampere 2013.

Hoppu, Tuomas: Toivon ja epätoivon aika - Tampereen vankileiri ihmiskohtaloineen 1918. Tampere 2020.

Hyytinen, Timo: Itsenäisyytemme alku. Arma Fennica, 2017, EU.

Järvinen, Paavo: Kovaa aikaa. Warelia. Tyrvää-Vammala-Sastamala.

Kajava, Viljo: Aika rakastaa, aika laulaa - Runoilija muistelee. Toimittanut Lyytinen, Kristiina. Otava. Keuruu 1990.

Kajava, Viljo: Muistatko vielä Paulin?. Otava, Helsinki 1943.

Kajava, Viljo: Murrosvuodet. K.J. Gummerus osakeyhtiön kirjapaino, Jyväskylä, 1937.

Kajava, Viljo: Tampereen runot. Kustannusosakeyhtiö Otavan paino, Helsinki 1966.

Lehtimäki, Kimmo: Punapäällikkö - Verner Lehtimäki. Revontuli. Jyväskylä 2005.

Klemettilä, Aimo: Tampereen punakaarti ja sen jäsenistö. Acta Universitas Tamperensis ser. A vol 72. Tampereen Yliopisto. Tampere 1976.

Lappalainen, Jussi T: Punakaartin Sota 1. Valtion painatuskeskus, Helsinki 1981a.

Lappalainen, Jussi T: Punakaartin Sota 2. Valtion painatuskeskus, Helsinki 1981b.

Lepola, Lauri: Verinen Tampere. Kopijyvä, Tampere 2012.

Manninen, Markus ja Schulman, Sari: Valtion pukutehdas - Rakennushistoriaselvitys, Arkkitehtitoimisto Schulman Oy, 2013.

Niitemaa, Vilho: Suomen ratsuväen historia, I osa. Mikkeli 1979.

Nissinen, E (toim.): Proletaarisen vallankumouksen rintamilta. Suomen vallankumouksen Tutkijakunnan (SVT) kokoelma n:o 1. Valtion kustannusliike Kirja, Leningrad 1935. Sisältää mm. Mikko Kokon muistelmat.

Pekkalainen, Tuulikki ja Rustanius, Seppo: Punavankileirit - Suomalainen murhenäytelmä 1918. Tammi. Porvoo 2008.

Pääesikunnan koulutusosasto: Sotilaan käsikirja 2020, Punamusta Oy, 2019.

Reavuori, Antero: Saarrettu kaupunki - Tampere ja Mannerheim 1918. Docendo, 2018.

Salanto, Yrjö: Valtion Pukutehdas 1922-1972. Offset-kolmio, Hämeenlinna 1972.

Saviniemi, Kari: Kukaan ei ole voittaja. Artikkeli Kulttuurivihkot 6/11. Domirola, 2011.

Sotatieteen Laitoksen Julkaisuja XIV, Suomen jääkärien elämäkerrasto 1975, Vaasa 1975 ISBN 951-99046-8-9.

Suomalaisen sotilasjoukon toimesta julkaistu: Suomalainen Sotilaskäsikirja, Kuninkaallinen Hovikirjapaino, Berliini 1917.

Tammi, Eeva: Lääkintähuoltoa sisällissodassa - Tampere 1918. Grano Oy, Tampere 2018.

Tikka, Marko: Kenttäoikeudet - Välittömät rankaisutoimet Suomen sisällissodassa 1918. Hakapaino Oy, Helsinki 2004.

Väärinmajan kylätoimikunta (toim.): Vanhaa Väärinmajaa. Oriveden Sanomalehti Oy, 1993.

Ylikangas, Heikki: Tie Tampereelle. WSOY. Porvoo 1993.


3. Kansalliskirjaston digitaaliset aineistot:

Aamulehti, 04.06.1916, nro 127, https://digi.kansalliskirjasto.fi/sanomalehti/binding/765992

Aamulehti, 27.06.1917, nro 142, https://digi.kansalliskirjasto.fi/sanomalehti/binding/766322

Aamulehti, 06.06.1918, nro 74, https://digi.kansalliskirjasto.fi/sanomalehti/binding/1158615

Arbetarnas Notisblad, 23.02.1918, nro 24, https://digi.kansalliskirjasto.fi/sanomalehti/binding/1163666

Arbetet, 21.03.1918, nro 34, https://digi.kansalliskirjasto.fi/sanomalehti/binding/782418

Eteenpäin, 24.09.1930, nro 109, https://digi.kansalliskirjasto.fi/sanomalehti/binding/1814016

Etelä-Savo, 11.09.1930, nro 101, https://digi.kansalliskirjasto.fi/sanomalehti/binding/1816172

Haminan Lehti, 11.09.1930, nro 102, https://digi.kansalliskirjasto.fi/sanomalehti/binding/1823853

Helsingin Sanomat, 22.02.1925, nro 52, https://digi.kansalliskirjasto.fi/sanomalehti/binding/1393993

Hämeen Kansa, 08.09.1927, nro 101, https://digi.kansalliskirjasto.fi/sanomalehti/binding/1527998

Hämeen Kansa, 04.09.1930, nro 166, https://digi.kansalliskirjasto.fi/sanomalehti/binding/1820557

Hämeen Sanomat, 25.10.1927, nro 246, https://digi.kansalliskirjasto.fi/sanomalehti/binding/1529515

Hämeen Sanomat, 20.05.1931, nro 113, https://digi.kansalliskirjasto.fi/sanomalehti/binding/1822248

Hämeen Sanomat, 30.08.1931, nro 198, https://digi.kansalliskirjasto.fi/sanomalehti/binding/1822401

Hämeen Sanomat, 03.06.1934, nro 124, https://digi.kansalliskirjasto.fi/sanomalehti/binding/1823147

Hämeen Sanomat, 15.10.1933, nro 238, https://digi.kansalliskirjasto.fi/sanomalehti/binding/1822995

Kansan Lehti, 09.11.1917, nro 260, https://digi.kansalliskirjasto.fi/sanomalehti/binding/1241109

Kansan Lehti, 23.02.1918, nro 42, https://digi.kansalliskirjasto.fi/sanomalehti/binding/1240001

Kansan Voima, 01.08.1925, nro 83, https://digi.kansalliskirjasto.fi/sanomalehti/binding/1408315

Kommunisti: kommunistinen aikakauslehti, 01.08.1930, nro 8, https://digi.kansalliskirjasto.fi/aikakausi/binding/1356332

Punanen viesti: Sosialidemokratinen kevätjulkaisu, 01.01.1918, nro 12, https://digi.kansalliskirjasto.fi/aikakausi/binding/1106309

Rintamamies: Vapaussodan rintamamiesten liiton äänenkannattaja, 05.09.1930, nro 3, https://digi.kansalliskirjasto.fi/aikakausi/binding/1366025

Rintamamies: Vapaussodan rintamamiesten liiton äänenkannattaja, 26.09.1930, nro 4, https://digi.kansalliskirjasto.fi/aikakausi/binding/1366026

Satakunnan Kansa, 12.09.1930, nro 209, https://digi.kansalliskirjasto.fi/sanomalehti/binding/1901884

Sisä-Suomi, 11.09.1930, nro 206, https://digi.kansalliskirjasto.fi/sanomalehti/binding/1915139

Sjömanswännen, 01.07.1927, nro 7-8, https://digi.kansalliskirjasto.fi/aikakausi/binding/831440

Suomen Sosialidemokraatti, 04.09.1930, nro 238, https://digi.kansalliskirjasto.fi/sanomalehti/binding/1314362

Suomen Sosialidemokraatti, 10.10.1930, nro 274, https://digi.kansalliskirjasto.fi/sanomalehti/binding/1314398

Suomen Sosialidemokraatti, 11.06.1931, nro 155, https://digi.kansalliskirjasto.fi/sanomalehti/binding/1314632

Suomen Sotilas, 12.02.1927, nro 7, https://digi.kansalliskirjasto.fi/aikakausi/binding/1106007

Sotilashallinnollinen aikakauslehti, 01.01.1931, nro 1-2, https://digi.kansalliskirjasto.fi/aikakausi/binding/1105120

Uusi Aura, 14.09.1930, nro 248, https://digi.kansalliskirjasto.fi/sanomalehti/binding/1938068

Uusimaa, 10.09.1930, nro 103, https://digi.kansalliskirjasto.fi/sanomalehti/binding/1939825

Uusi Suomi, 09.09.1930, nro 242, https://digi.kansalliskirjasto.fi/sanomalehti/binding/1806548

Vaatetustyöläinen: Suomen vaatetustyöntekijäin liiton äänenkannattaja, 01.10.1927, nro 3, https://digi.kansalliskirjasto.fi/aikakausi/binding/948058


## 4. Verkkolähteet:

Forsius, Arno: Yrjö Kulovesi (1887–1943) – työpaikkalääkäri, Tampereen kaupungin terveydenhuollon luottamushenkilö ja työntekijä, psykoanalyysin tienavaaja Suomessa. Verkkoartikkeli, 2006. http://www.saunalahti.fi/arnoldus/kulovesi.htm, viitattu 15.2.2021.

Kivääri M1891, https://pkymasehist.fi/m1891.html, viitattu
14.3.2021.

Parkkari, Nestori: Nuoret taistelun tiellä - Suomen vallankumouksel-
linen nuorisoliike 1900–1944, Kansankulttuuri Oy Helsinki, Kuopio
1970 Kustannusosakeyhtiö Savon Sana. Verkossa:
https://www.marxists.org/suomi/parkkari-nestori/1970/nuoret-
taistelun-tiella/ch03.htm, viitattu 1.3.2021.

Sotasurmasampo 1914-1922, https://sotasurmat.narc.fi/fi, viitattu
11.3.2021.

Tirkkonen, Nikolai (1875 - 1926), Kansallisbiografia, https://kansal-
lisbiografia.fi/kansallisbiografia/henkilo/8723, viitattu 17.3.2021.

Vanhoja mainoksia -blogi, Tirkkosen kauppaliike 1917, https://van-
hojamainoksia.blogspot.com/2019/03/tirkkosen-kauppaliike-
1917.html28.3.2019. Viitattu 17.3.2021.

Väärinmajan taistelujen taistelupaikkakortti: verkossa
http://wiki.narc.fi/portti/images/6/60/Vi_v%C3%A4.pdf, viitattu
12.3.2021.


5. Julkaisemattomat lähteet

Asikainen, Liisa. Puhelimessa 3.3.2021. Liittyen Väärinmajan tapah-
tumiin 20.-25.2.1918 sekä sähköpostilla 26.4.2021.

Kortesluoma Pentti, Tapio ja Matti. Sähköpostit kirjoittajalle talvella
ja keväällä 2020-2021.

Lehtimäki, Kimmo. Sähköpostit kirjoittajalle talvella ja keväällä
2020-2021.

Pietilä (os. Kajava), Maija. Muistelut puhelimessa kirjoittajalle 19.3.2021. Muistiinpanot kirjoittajan hallussa.

Sivonen, Mikko: viestillä kirjoittajalle 17.3.2021. Sivonen piirsi kartan ja selvitti Väärinmajan alueen maastoa ja kasvillisuutta kirjoittajan pyynnöstä maaliskuussa 2021.

Tammi, Eeva. Sähköpostit kirjoittajalle helmi- huhtikuussa 2021.

Yhdysvaltojen maahantuloviranomaisen luettelo (1927), aineisto kirjoittajan hallussa.